hänssler

# Confessio Virtembergica
# Das Württembergische Bekenntnis
# 1552

Herausgegeben von
Martin Brecht und
Hermann Ehmer

hänssler-Paperback
Bestell-Nr. 393.413
ISBN 3-7751-3413-1


Titelfoto:
1. Das Bild vom Reformator Brenz: Verein für
württembergische Kirchengeschichte
2. Deutsches Titelblatt, Druckermarke: Universitätsbibliothek Tübingen
3. Lateinisches Titelblatt: Württembergische Landesbibliothek Stuttgart
4. Wappen von Württemberg: aus Württembergische
Große Kirchenordnung 1559
Umschlaggestaltung: Ingo C. Riecker
Satz: AbSatz Ewert-Mohr Klein Nordende
Druck und Bindung: Ebner Ulm
Printed in Germany

# Vorwort

Der 500. Geburtstag von Johannes Brenz am 24. Juni 1999 ist der äußere Anlass, eine Edition des von Brenz verfassten Württembergischen Bekenntnisses von 1551/52 vorzulegen. Da es sich bei der Confessio Virtembergica um eine der Bekenntnisschriften der Evangelischen Landeskirche in Württemberg handelt, wäre schon lange eine Ausgabe, die die lateinische und die deutsche Fassung bietet, zu wünschen gewesen. Eine solche wird also hiermit zum ersten Mal vorgelegt.

Die Diskussion um die Gemeinsame Erklärung zur Rechtfertigungslehre, die von einer gemeinsamen römisch-katholischen und lutherischen Arbeitsgruppe erstellt und im vergangenen Jahr breit diskutiert worden ist, hat einmal mehr die Bedeutung der Bekenntnisformulierungen der Reformationszeit zum Bewusstsein gebracht. Die vorliegende Edition versteht sich daher auch als Sachbeitrag zu dieser Kontroverse, zumal das Württembergische Bekenntnis nicht als Dokument der Abgrenzung sondern als Angebot zur Verständigung formuliert worden ist.

Anders als bei den beiden 1952 erschienenen Ausgaben wird das Württembergische Bekenntnis in der vorliegenden Edition mit der Jahreszahl 1552 verbunden, da es zwar 1551 entstanden, aber – wie die Titel der Erstdrucke betonen – am 24. Januar 1552 dem Trienter Konzil übergeben worden ist.

Die beiden Herausgeber haben sich die Aufgabe in der Weise geteilt, dass Martin Brecht die Einleitung und die Überprüfung der Bibel- und Väterzitate, Hermann Ehmer die Erstellung der Texte übernommen hat. Hierbei haben wir der Württ. Landesbibliothek Stuttgart und der Universitätsbibliothek Tübingen für die Bereitstellung der Textgrundlagen und Frau Inge Kocher und Frau Ute Schurr für die Mitwirkung bei der Texterstellung zu danken.

Martin Brecht Hermann Ehmer

# Einleitung

Zu den »Bekenntnissen der Reformation«, auf die sich § 1 der württembergischen Kirchenverfassung von 1920 beruft[1], gehört an sich auch die Confessio Virtembergica von 1552, obwohl sie kaum noch bekannt ist. Daran haben auch die verdienstvolle Edition des deutschen Texts durch den damaligen Bonner Kirchenhistoriker Ernst Bizer von 1952[2] mit ihrer wichtigen Einleitung und eine populäre Auswahlausgabe von 1984[3] nichts geändert. Wie schon die Druckgeschichte ausweist, war die Confessio Virtembergica zusammen mit der von Melanchthon verfassten Confessio Saxonica und der älteren Confessio Augustana ein aktuelles Bekenntnis, war sie doch »dem versamelten Concilio zu Trient«, der großen katholischen Kirchenversammlung, »überantwortet« worden, wie es der Titel der deutschen Übersetzung besagte. Erst in jüngerer Zeit hat sich dann herausgestellt, dass die Confessio Virtembergica in der Tat als eindrückliches ökumenisches Dokument zu gelten hat, weil in ihr der Versuch unternommen worden ist, von einer evangelischen Position aus mit der katholischen Gegenseite ins Gespräch zu kommen[4]. Schließlich ist die Confessio Virtembergica neben den württembergischen Kirchenordnungen der Reformationszeit und dem Brenzschen Katechismus einer der grundlegenden Texte des württem-

1 Sammlung der Gesetze der evang. Landeskirche in Württemberg, Bd. 1 Stuttgart $^{2}$1930, 13.

2 Ernst Bizer (Hg.), Confessio Virtembergica. Das württembergische Bekenntnis von 1551, 7. Sonderheft der BWKG, Stuttgart 1952 (im folgenden zitiert: *Bizer*).

3 Vgl. die Bibliographie S. 31 ff.

4 Vgl. Martin Brecht, Abgrenzung oder Verständigung. Was wollten die Protestanten in Trient? in: Johannes Brenz 1499 - 1570. Beiträge zu seinem Leben und Wirken, BWKG 70, 1970, 148 - 175. Wiederabdruck in: Remigius Bäumer (Hg.), Concilium Tridentinum, Wege der Forschung 313, Darmstadt 1979, 161 - 195. (zitiert wird nach der Erstveröffentlichung).

bergischen Reformators Johannes Brenz, der zu seinem 500. Geburtstag wieder verfügbar sein soll und zwar erstmals sowohl in seiner ursprünglichen lateinischen Fassung als auch in der durch die Aufnahme in die Württembergische Kirchenordnung von 1559 gleichfalls normativ gewordenen deutschen Übersetzung.

## Die Umstände der Entstehung und der Überreichung des Bekenntnisses[5]

Nach seinem Sieg über die Protestanten im Schmalkaldischen Krieg hatte Kaiser Karl V. 1548 auf dem »geharnischten Reichstag« in Augsburg das sog. Interim, eine Art vorläufiges Bekenntnis, erlassen, das den Anhängern der Augsburgischen Konfession bis zur Entscheidung eines Konzils eine weitgehende Katholisierung mit nur wenigen Zugeständnissen aufzwang[6]. Zu den besonders betroffenen Territorien gehörte infolge der Besetzung durch spanische Truppen das Herzogtum Württemberg, dessen Landesherr, Herzog Ulrich, wegen seiner Beteiligung am Schmalkaldischen Krieg außerdem noch in einen gefährlichen Prozess wegen Lehnsuntreue (Felonie) gegenüber König Ferdinand verwickelt war, von dem er sein Land 1534 als Afterlehen hatte nehmen müssen. Nachdem am 6. November 1550 Herzog Ulrich gestorben war, musste Herzog Christoph, seinem Sohn und Nachfolger, alles daran liegen, aus den bedrohlichen Zwängen herauszukommen. Außerdem hatte der Abschied des Augsburger Reichstages vom 13. Februar 1551 erneut den Besuch des Trienter Konzils, das nach seiner faktischen Unterbrechung seit 1547

5 Die Darstellung kann zunächst weithin Bizer, 9-32 (Die Enstehungsgeschichte des Bekenntnisses) folgen.

6 Joachim Mehlhausen, Das Augsburger Interim von 1548 deutsch und lateinisch, Texte zur Geschichte der evangelischen Theologie 3, Neukirchen-Vluyn 1970.

am 1. Mai 1551 fortgesetzt werden sollte, verbindlich gemacht. Der 1548 aus Schwäbisch Hall vertriebene Johannes Brenz[7], der damals den württembergischen Herzögen als Ratgeber diente, ließ in einem Gutachten keinen Zweifel daran, dass das Konzil gottlos, nicht vertrauenswürdig und unfrei sei, und doch hatte man vor ihm Zeugnis abzulegen, dazu musste man dem Befehl des Kaisers gehorchen und die Risiken auf sich nehmen. Brenz war sogleich schon klar, zur Übergabe an das Konzil bedurfte es eines Bekenntnisses und einer Widerlegung der Irrtümer der Gegenseite. Herzog Christoph beschloss daraufhin die Beschickung des Konzils. Er sondierte deswegen bei den pfälzischen Fürsten. Umgekehrt nahm Straßburg für die Reichsstädte wegen einer Beschickung Verbindung mit Christoph auf, der aber wie die Reichsstädte auf keinen Fall beim Kaiser in den Verdacht eines geheimen Bündnisses geraten wollte. Kurfürst Moritz von Sachsen ließ wissen, dass er gleichfalls das Konzil beschicken wolle. Eine sächsische Konfession sollte auf einem Theologenkonvent beraten werden. Zu einer Beratung von württembergischen und Straßburger Theologen kam es am 1. Mai 1551 in Dornstetten (bei dem heutigen Freudenstadt). Dabei wurde bereits eine Confessio dogmatum des Herzogs vorgelegt und von den Straßburgern, später übrigens auch von den Pfälzer Fürsten gebilligt. Einen Monat später wurde dieses Bekenntnis von den führenden württembergischen Theologen und Kirchenmännern eingehend auf seine Schriftgemäßheit hin überprüft und, nach dem Bericht von Brenz, nicht allein angenommen, »sondern auch wider die porten der hellen, durch hilff göttlicher gnaden, nach irem beruff zu verthedingen auff sich genommen«[8]. Dies klingt so, als ob die von Brenz entworfene Confessio noch durch zusätzliche Argumente verstärkt wor-

[7] Vgl. Martin Brecht, Art. Brenz, Johannes, TRE 7, 170-181.
[8] Bizer, 19.

den sei, was eine gewisse Wahrscheinlichkeit für sich hat[9]. Brenz hat auch danach die Confessio »zur Vervollkommnung unter der Hand« gehabt[10]. Inzwischen wusste der Herzog, dass Melanchthon gleichfalls ein Bekenntnis, die (innerhalb des theologischen Spätwerks ihres Autors durchaus gewichtige) sog. Confessio Saxonica, verfasst hatte, die von den kursächsischen Theologen auch angenommen worden war[11]. Herzog Christoph regte deshalb bei Kurfürst Moritz ein sächsisch-württembergisches Theologentreffen an, bei dem die beiden Bekenntnisse verglichen werden sollten. Moritz wollte jedoch das sächsische Bekenntnis den württembergischen Theologen lediglich zur Kenntnis bringen lassen, hingegen nicht einmal aushändigen, d. h. ein gemeinsames protestantisches Bekenntnis war von ihm nicht intendiert, weshalb Herzog Christoph ebenfalls lediglich einen Vergleich der beiden Bekenntnisse anstrebte. Es ergab sich dabei eine gegenseitige Übereinstimmung hinsichtlich der beiden Bekenntnisse. Die Württemberger stellten allerdings zutreffend fest, dass die Confessio der Wittenberger »etwas härter gestellt« sei[12]. Ende September 1551 fertigte Herzog Christoph seine beiden Räte Hans Dietrich von Plieningen und Hans Heinrich Höcklin von Steineck als Gesandte nach Trient ab, um wegen einer Beschickung des Konzils zu sondieren. Ihnen folgte als Vertreter Straßburgs Johannes Sleidanus. Zwei kursächsische Räte trafen erst im Januar 1552 in Trient ein.

Das Konzil[13] entsprach an sich keineswegs den Anforderungen der Evangelischen. Es war nicht neu, sondern die Fortsetzung des Konzils von 1545, an dessen Beschlüssen die Evangelischen nicht beteiligt gewesen waren und die sie für

9 Es ist von der Form des Bekenntnisses her durchaus denkbar, dass manche Argumente erst nachträglich eingefügt worden sind.

10 Bizer, 20.

11 Melanchthon, Studienausgabe 6, 80-167.

12 Bizer, 26.

13 Die Darstellung folgt nunmehr weithin dem Abschnitt »Das Bekenntnis auf dem Konzil von Trient« bei Bizer, 32-63.

falsch hielten, die aber dennoch in Geltung bleiben sollten. Es war auch nicht frei, sondern wurde von den Legaten des Papstes geleitet. Diese wünschten ein Auftreten der Protestanten auf dem Konzil eigentlich nicht und bequemten sich dazu nur unter dem Druck des Kaisers. Umgekehrt durften die Gesandten, um nicht den Anschein zu erwecken, man erkenne die Autorität des Konzils an, nicht mit den Legaten, sondern nur mit den Konzilsbevollmächtigten des Kaisers verhandeln. Im November wurden immerhin der Tübinger Professor Jakob Beurlin und Jodocus Neobolus, früher Hausmeister Luthers und nunmehr Pfarrer in Entringen, sozusagen als theologische Beobachter nach Trient geschickt. Um die Confessio zu übergeben, wurden die Gesandten beauftragt, sich um eine Audienz beim Konzil zu bemühen, was die Legaten aufgrund päpstlicher Weisung nur nach vorangegangener Anerkennung der Autorität des Konzils zulassen wollten. Keine Seite konnte in dieser Prinzipienfrage nachgeben; für die Religionspolitik des Kaisers war es jedoch unerlässlich, dass die Protestanten gehört wurden. Wegen des unerwünschten Auftretens der Protestanten sowie wegen der lästigen Forderung nach den anstehenden Dekreten über die Kirchenreform sympathisierten die Legaten mit einer neuerlichen Suspension des Konzils. Die württembergischen Gesandten waren bereits dabei, abzureisen. Es war dann der Kaiser, der nach viel beschwerlichem Hin und Her die Zulassung der Protestanten durchsetzte und die beiderseitigen Vorbehalte beiseite schob, ohne sie freilich beseitigt zu haben. Endlich am 24. Januar erhielten nacheinander die württembergischen und die sächsischen Gesandten Audienz in einer Kongregation und somit nicht in einer offiziellen Session des Konzils. Für die Württemberger sprach Höcklin und übergab seine Vollmacht, dazu die Confessio samt den zusätzlich aufgestellten Gravamina. Die Confessio wurde nicht verlesen, sondern nachher vom Legaten an sich genommen und nicht ins Protokoll aufgenommen. Die Württemberger erhielten als vorläufigen Bescheid: »Das allerheiligste, rechtmäßig im Heiligen Geist versammelte Konzil hat

gehört, was ihr vorgebracht habt, und weil dies der Überlegung bedarf, wird euch zu seiner Zeit Antwort gegeben werden.«[14] Was dann allerdings nie erfolgt ist. Die Confessio Virtembergica blieb das einzige dem Konzil überreichte evangelische Bekenntnis, denn die sächsischen Gesandten übergaben ihre Konfession nicht, weil sie dazu keinen Auftrag hatten. Mit ihren Reformforderungen haben die Protestanten durchaus positiven bzw. negativen Eindruck auf das Konzil gemacht[15]. Die württembergischen Gesandten reisten nunmehr zunächst zurück.

Obwohl das Geleit immer noch einen für die Evangelischen unannehmbaren Autoritätsanspruch des Konzils enthielt, entschied sich Herzog Christoph aus christlichen und politischen Gründen dafür, nochmals politische und theologische Gesandte nach Trient abzuordnen. In ihrem Gepäck hatten sie die nunmehr bereits gedruckte Confessio[16]. Sie sollten gegebenenfalls die bereits früher gefassten Dekrete anfechten, die Confessio verteidigen und auf der Heiligen Schrift als alleiniger Richtschnur bestehen. Zu den württembergischen Theologen gehörten Johannes Brenz, Jakob Beurlin, Jakob Heerbrand, Pfarrer in Herrenberg, und Valentin Vannius, Pfarrer in Cannstatt. Sie trafen am 18. März 1552 in Trient ein. Obwohl die Anstöße wegen des Autoritätsanspruchs des Konzils nicht ausgeräumt waren, präsentierten die politischen Gesandten die Theologen zur Erklärung und Befestigung der Confessio, was möglichst von Artikel zu Artikel geschehen sollte. Die Aussichten dafür standen jedoch schlecht, wollten doch die päpstlichen Legaten das Auftreten der evangelischen Theologen vor dem Konzil möglichst verhindern und darüber

14 »Sacrosancta synodus legitima in spiritu s. congregata audivit ea, quae proposuistis, et quia haec delibartione indigent, dabitur vobis suo tempore responsum.« Im Konzilsprotokoll heißt es etwas abweichend: »Sancta haec oecumenica synodus audivit ea, quae a vobis relata sunt, et cum deliberatione providebit.«

15 Vgl. Bizer, 56 f.

16 Bizer, 59 f.

hinaus die Aufhebung des Konzils erreichen. Brenz war zwar als privater Gesprächspartner gefragt, aber dies wurde abgelehnt, er sei zur öffentlichen Verhandlung gekommen. Dazu kam es nicht. Wegen des Fürstenaufstandes reisten immer mehr Bischöfe ab. Weil weiteres Warten sinnlos schien, machten sich die Württemberger und die Straßburger am 8. April auf den Heimweg. Am 28. April wurde das Konzil vertagt.

Die Reise der Theologen nach Trient war somit vordergründig ein Fehlschlag und gewiss kein Ruhmesblatt christlichen Verhandlungswillens gewesen. In seiner »Ordentlichen Beschreibung« von 1553, was im Namen Herzog Christophs in Trient gehandelt worden sei[17], erklärte Brenz, sie seien »darum gehn Trient gezogen, das sie die bekantnus gottseliger leer, so vorhin dem Concilio überantwurt war, nach jrem vermögen, verantwurten und verthedingen wolten, das ist, dz sie die warheit des Euangeliums vor dem argen und Eebrechischen gschlecht bekännten, auch durch jren dienst, so der gantzen kirch Christi, so auch jrem frommen Fürsten und der Statt Straßburg bewisen«. Er stellte dann noch Überlegungen an, ob man den Theologen nicht Streitsucht vorwerfen könne und ob sie nicht durch etwas Nachgeben zur Ruhe der Kirche hätten beitragen können. Aber bei aller Friedensliebe durfte die »himmelische leer unsers HERREN Jesu Christi« nicht verleugnet oder beliebig »geendert, vnnd hin und wider gebogen werden, sonder das sie das aller nottwendigest seie«. Was als Hartnäckigkeit bezeichnet werden könne, sei eigentlich »ein dienst, den wir dem Son Gottes vnnd seiner kirche schuldig seien«.

17 Walther Köhler, Bibliographia Brentiana, Berlin 1904, Nr. 245, die lateinischen Fassungen Nr. 242-244; s. Bizer, 63.

## Die Entwicklung zur Artikulation des Bekenntnisses

Der Verfasser der Confessio Virtembergica war der als reformatorischer Theologe längst ausgewiesene Johannes Brenz, mögen auch die Beratungen mit den Straßburger und den württembergischen Theologen noch gewisse Modifikationen und Ergänzungen gebracht haben. Brenz war spätestens seit 1524 in der Formulierung prinzipieller evangelischer Positionsbeschreibungen gegenüber der altgläubigen Seite erfahren. Er war an den theologischen Verhandlungen auf dem Augsburger Reichstag 1530 beteiligt gewesen und hatte an den Religionsgesprächen in Hagenau, Worms und Regensburg 1541 und 1546 teilgenommen. Er war also auf dem Gebiet der Religionsverhandlungen ein Experte, dem auch durchaus Verhandlungsbereitschaft eignete. Es ist nunmehr zu fragen, welches Profil er in der konkreten, bedrängten Situation des Interim der Confessio Virtembergica gab. Wie sich noch erkennen lässt, geschah dies in einem längeren Prozess[18].

Unmittelbar nach dem Regensburger Religionsgespräch 1546 und noch vor dem Schmalkaldischen Krieg hielt Brenz eine Verständigung mit der päpstlichen Seite für unmöglich, selbst wenn die Rechtfertigungslehre, beiderlei Gestalt im Abendmahl und die Priesterehe zugestanden werden würden. Der Papst gilt als der Antichrist, der sich selbst nicht aufgeben wird und mit dem man sich nicht einlassen kann. Das Augsburger Interim von 1548 lehnte Brenz in einem Gutachten der Haller Prädikanten, abgesehen von wenigen anerkennenden Äußerungen, fast durchweg ab. Er verwies auf das vorgesehene Konzil, das die Religionssachen regeln müsse[19]. Brenz musste sich in der Folgezeit mit den Realitäten abfinden, dass der Kaiser in Süddeutschland die Praktizierung des Interim erzwang. Da das Interim jedoch kein völlig eindeutig katholi-

[18] Vgl. zum folgenden Brecht (wie Anm.4).
[19] Ebd., 152-154.

sches Dokument war, sondern ihm mit Rücksicht auf die Protestanten eine gewisse Widersprüchlichkeit eignete, stellte Brenz in einem Gutachten für Herzog Ulrich vom Frühjahr 1549 Erwägungen an, »wie und welcher gestalt man sich aus dem Interim wieder das Interim weren, und das Interim mit seinem eigen schwert schlagen und erlegen möcht«[20]. Z.B. führte Brenz vor, wie sich in der Rechtfertigungslehre das sola fide gegenüber der Konzeption von Glaube, Liebe und Hoffnung als den drei theologischen Tugenden behaupten ließ. Diese Art eingehender Auseinandersetzung mit der katholischen Position setzte Brenz in der Vorrede seines Jesajakommentars vom Spätsommer 1550 offensichtlich gezielt fort[21]. Hier finden sich bereits die Berufung auf die wichtigen altkirchlichen Konzilien und der Anspruch, die katholische und orthodoxe Lehre in umstrittenen theologischen Artikeln wie der Rechtfertigung, der Anrufung der Heiligen, der guten Werke und des Abendmahls zu vertreten. Damit sind Elemente einer konstruktiven Kontroverstheologie gewonnen gewesen. Ungefähr ein halbes Jahr später schlug Brenz in seinem oben erwähnten Gutachten wegen der Beschickung des Konzils vor, über die beschwerlichen Artikel der Lehre und Zeremonien ein Bekenntnis des rechten Glaubens und eine Confutation der Irrtümer durch die Theologen aufstellen zu lassen. Als Beispiele gab er diesmal die Vorformen der späteren Artikel über die Erbsünde, das Abendmahl und die Heiligen bei. Als es dann galt, das Bekenntnis zu formulieren, verfügte Brenz nicht nur über einzelne Vorarbeiten, sondern vor allem über eine bestimmte Vorstellung, wie gegenüber der Gegenseite konstruktiv argumentiert werden sollte.

20 Ebd., 156-158.
21 Ebd., 158-161.

## Die Confessio Virtembergica

Das Dokument, auf das sich das Bekenntnis zu beziehen hatte, war das Interim von 1548, das den Protestanten bis zur Entscheidung eines Konzils bindend auferlegt worden war. Wollte man davon loskommen, musste zum einen dieses Dokument bestritten und zum andern das Konzil beschickt werden. Dabei wurde in der Auseinandersetzung mit dem Interim zumeist die mit der katholischen Position überhaupt geführt. Die bereits ergangenen Entscheidungen des Konzils haben hingegen keinen erkennbaren Einfluss auf das Bekenntnis gehabt, so dass fraglich ist, wieweit sie Brenz überhaupt bekannt waren.

Wie schon das Titelblatt ausweist, ist die Confessio im Namen Herzog Christophs (und mit dem württembergischen Wappen) vorgelegt worden, also nicht wie die Confessio Saxonica als Theologenbekenntnis. Dementsprechend ist die Vorrede formuliert. Der Herzog weiß sich zu seinem Amt als von Gott berufen. Als seine vornehmste Aufgabe gilt es ihm, dazu zu helfen, die rechte göttliche Lehre zu pflanzen und zu erhalten. Zwar ist ihm bewusst, dass es einen Unterschied zwischen weltlichem und geistlichem Regiment gibt, aber auch die Herrscher haben dem Herrn zu dienen. »Wir aber halten es dafür, dass zu erbauen und zu erhalten das recht Heil der Kirchen nichts nutzlicher und Gott gefälliger sei, dann dass die Predig göttlichs Worts und der rechten reinen Lehre in allweg, von Oberkeit und Underton, gefürdert werde.« Wie sich zeigen lässt, ist damit die zentrale Intention angegeben. Der akute Anlass des Bekenntnisses wird lediglich sehr allgemein angesprochen: Es sei hinsichtlich der christlichen Lehre zu Zwiespältigkeiten gekommen. Der Kaiser und die Reichsstände hätten es deshalb für gut gehalten, dass die einzelnen Reichsstände vorbrächten, was sie zum Frieden der Kirche oder zur Ruhe des Gewissens für förderlich hielten. Deshalb habe der Herzog den Predigern des Herzogtums befohlen, die Summe ihre Lehre schriftlich zu fixieren und »damit offenlich zu bezeugen, daß sunst keiner anderen, dann der rechten, wahren,

apostolischen, katholischen und orthodoxen Lehr in unsern Kirchen Raum gegeben worden sei«. Dass dieses Zeugnis faktisch an das Konzil adressiert war, wurde bewusst nicht erwähnt, weil man dieser Instanz keine Autorität einräumen wollte. Nur vage wird die Erwartung ausgesprochen, »die ganz christlich Kirch« werde die Übereinstimmung des Vorgebrachten mit den prophetischen und apostolischen Schriften wie der Meinung der rechten katholischen Kirche feststellen.

Faktisch wird dieser Zusammenhang von der Confessio ganz stark herausgestellt. Die im Unterschied zum Interim vorgeschalteten drei Artikel über Gott, den Dreieinigen, den Sohn und den Heiligen Geist berufen sich außer auf die Heilige Schrift auf die altkirchlichen trinitarischen Bekenntnisse bzw. auf die einschlägigen Konzilsentscheidungen. Durch das ganze Bekenntnis hindurch wird vielfach das Zeugnis der Kirchenväter, unter ihnen gelegentlich auch mittelalterliche Theologen, neben dem der Bibel aufgeboten, und die letzten Artikel befassen sich ausdrücklich mit dem Papst, den Konzilien und den kirchlichen Schriftstellern. Die Zitate aus der kirchlichen Tradition sind, wie manchmal schon die Überschriften erkennen lassen, teils dem Corpus Iuris Canonici, vor allem dem Decretum Gratiani, teils den damals verfügbaren Editionen von Kirchenvätern oder Konzilsentscheidungen entnommen. Die biblischen Zitate folgen keineswegs immer der Vulgata. Neutestamentliche Stellen werden vielmehr häufig nach der Übersetzung, die Erasmus von Rotterdam seiner Ausgabe des Griechischen Neuen Testaments beigegeben hatte, aufgeführt. Alttestamentliche Stellen werden zwar zumeist nach der Vulgata zitiert, aber gelegentlich wird auch hierbei davon abgegangen. In der Abkehr von der Vulgata wird man einen bewussten Protest gegen die Verbindlichmachung dieses manchmal fehlerhafen Bibeltextes durch das Trienter Konzil (1546) sehen müssen, wie Brenz ihn später in der Auslegung von Ps 62,3f ausdrücklich vorgebracht hat[22].

22 Johannes Brenz, Opera omnia, T. 3, Tübingen 1578, 718.

Sofort am Artikel »von der Sünde« wird dann die Argumentationsstrategie der Confessio erkennbar. Aus dem 1. Artikel des Interim wird zunächst entgegenkommend die positive Aussage über die ursprüngliche Gerechtigkeit, Weisheit, Willensfreiheit und Geistbegabung des Menschen aufgenommen, um erst dann klar die Folgen des Falls vorzuführen. Widersprochen wird unmissverständlich der im 2. Artikel behaupteten relativen Willensfreiheit des Menschen nach dem Fall. Gerade dafür wird dann auch das Zeugnis des Paulus und der Kirchenväter aufgeboten.

Der zentrale Artikel »von der Rechtfertigung« setzt wiederum für die Gegenseite entgegenkommend bei den geistlichen Tugenden Glaube, Liebe, Hoffnung und ihren Werken ein. Abgewiesen wird freilich, dass der Mensch dadurch gerecht werde. Dies widerfährt dem Glauben einzig wegen des Verdienstes Christi, und darum »kann der Mensch vor dem Richtstuhl Gottes allein durch den Glauben« bestehen. Auch dafür weiss das Bekenntnis die Schrift und die Vätertradition auf seiner Seite. Dementsprechend wird die Forderung des göttlichen Gesetzes durchaus anerkannt[23], hingegen (mit biblischen und patristischen Zitaten) bestritten, dass der Mensch in der Lage sei, es zu erfüllen. Die Funktion des Gesetzes ist vielmehr der Aufweis der Sünde. Ebenso werden die »guten Werke« bejaht, aber es wird ihnen mit ihrer Unvollkommenheit abgesprochen, dass Gott durch sie versöhnt werden kann. Der Artikel »Von dem Euangelio Christi« bringt eine wichtige Klarstellung: Zwar enthält das Evangelium viele göttliche Gebote, aber eigentlich ist es kein Gesetz, »sonder ist ein gute fröhliche Bottschaft von dem Sohn Gottes, unserm Herrn Jesu Christo« als dem alleinigen Versöhner, Erlöser und Heiland, der eben kein neuer Gesetzgeber ist.

Das Bekenntnis musste sich mit den hergebrachten sieben Sakramenten auseinandersetzen. Bei der Taufe wird betont, dass dem Menschen auch nach der Taufe noch Sünden anhaf-

[23] Art. »Von dem Gsatz«.

ten, wenngleich sie dem Gläubigen nicht zugerechnet werden. Die Taufsalbung wird auf für die Christen aufgehobene alttestamentliche Riten zurückgeführt. An der Firmung wird die Unterweisung der Jugend im Katechismus voll bejaht – Brenz war nicht von ungefähr einer der großen Katechismusautoren seiner Zeit –, aber eine sakramental-hierarchische Geistmitteilung kann die Firmung doch nicht sein.

»Daß wir in diesem Leben allweg Buß tun sollen«, war angesichts der dem Menschen anhaftenden Sündhaftigkeit nicht zweifelhaft. Dazu gehört nach dem katholischen Schema die Reue, der freilich nicht das Verdienst der Sündentilgung zugeschrieben werden darf. Außer Frage steht, dass die Sünden Gott zu bekennen sind. Die Beichte vor dem Priester aber gilt nicht als heilsnotwendig, obwohl sie wegen der seelsorgerlichen Unterweisung und wegen des in ihr mitgeteilten sündenvergebenden Evangeliums, des Herzstücks kirchlichen Handelns, möglichst zu praktizieren ist. Eine andere Genugtuung als Leiden und Tod Christi kann es nicht geben. Die guten Werke der Glaubenden können lediglich Bezeugung des Gehorsams und der Dankbarkeit sein. So ist das Gebet bereits ein Akt des Vertrauens zu Christus und nicht fromme Eigenleistung. Das Fasten wird bezeichnenderweise eigentlich gar nicht hier unter den Genugtuungsleistungen, sondern erst später unter den frommen Praktiken verhandelt. Immerhin wird ihm sein Sinn als Selbstbezähmung zuerkannt. Mit den Almosen ist dem Nächsten Liebe zu bezeugen.

Der Artikel »Vom Nachtmahl Christi« bekennt zunächst gegen die Reformierten, dass der wahre Leib und das wahre Blut Christi darin ausgeteilt werden. Die katholische Wandlungslehre wird jedoch nicht übernommen. Keinen Zweifel lässt das Bekenntnis daran aufkommen, dass beide, Brot und Wein, auszuteilen sind. Eine besondere Auseinandersetzung findet über die Vorstellung vom (Mess-)Opfer statt. Das Nachtmahl ist Gemeindefeier, in der die Frucht des Leidens und Sterbens Christi zugeeignet wird, und nicht Leistung des Messpriesters. Es handelt sich dabei auch nicht um ein Opfer,

das die Kirche darbringt, dies wäre mit dem einmaligen Opfer Christi unvereinbar. Damit ist bereits auch das Nachtmahl als Opfer für die Verstorbenen hinfällig. Das Bekenntnis bleibt bei seinem ceterum censeo: »Zudem, so würdt der Verdienst Christi uns durch kein ander Werkzeug dann durch die Predig des Euangelions Christi und durch die Austeilung der Sakrament, die Christus zu diesem Gebrauch gestift hat, appliziert und zugestellt«... und »nicht anderst angenommen dann durch den Glauben«. Auch das Sakrament wird von der darin ergehenden verbalen Zusage her begriffen. Schon daraus ergibt sich, dass die Austeilungsworte als Evangeliumsverkündigung laut und in der Volkssprache zu sprechen sind.

Das Bekenntnis spricht sich zwar für eine gebührende Ordnung oder Ordination der Kirchendiener aus, diese können jedoch nicht Mittler zwischen Gott und den Menschen, sondern nur austeilende Lehrer und Prediger sein. Die Modifikationen im Verständnis der Ehe bis hin zur Ablehnung des Zölibats für die Kirchendiener und zur Wiederverheiratung unschuldig Geschiedener werden benannt und begründet. Die Ölung wird zutreffend als Krankensalbung und nicht als letzte Ölung Sterbender verstanden. Das Bekenntnis kann ihr keine sinnvolle Funktion mehr zuerkennen, obwohl es sich für das Besuchen und Trösten der Kranken ausspricht.

An sich bestehen keine Einwände gegen das Gedenken und Rühmen der Heiligen. Es wird auch angenommen, dass sie für uns Fürbitte leisten. Aber daraus ist kein Kultus zu machen und auch keine Hoffnung darauf zu setzen. Der Verstorbenen soll man gedenken und zur Stärkung des Glaubens und Bestätigung der Hoffnung aus der Heiligen Schrift lesen und predigen. Fromme Aktionen zugunsten der Verstorbenen gibt es jedoch nicht. Das Fegfeuer ist vorstellbar als eine innerweltliche Extremerfahrung, aber nicht als Zwischenzustand zwischen Verdammung und Seligkeit, von dem die Heilige Schrift nichts weiß.

Dass rechte und ordentliche Gelübde zu halten sind, steht außer Zweifel. Fraglich ist jedoch, ob die Mönchsgelübde der

Ehelosigkeit, Armut und des Gehorsams dazu gehören. Der Ehelosigkeit eignet vor Gott keine höhere Gerechtigkeit als der Ehe. Armut wird als Geschick verstanden und nicht als verdienstliche Option. Gehorsam ist in den vorgegebenen Lebensbeziehungen zu leisten, als selbserwähltes Verhalten hat er keinen Sinn. Für die »sieben Zeiten«, also das kanonische Stundengebet, wird an sich durchaus Verständnis aufgebracht, als verdienstlicher Gottesdienst von Priestern in dem Volk unverständlicher lateinischer Sprache sind sie »doch gar wider die Meinung der rechten, wahren katholischen Kirchen«. Gottesdienste müssen auf jeden Fall verständlich sein. Das Fasten wird zum einen bejaht als insgesamt maßvolle und nüchterne Lebensgestaltung. Die Befolgung bestimmter Fastenzeiten ist dagegen weder geboten noch eine verdienstvolle Bußleistung. Sonstigen Riten mit »Wasser, Salz, Wein, Kräuter und anderer Ding Weihen« wird bei aller Hochschätzung von Gottes Kreaturen jedenfalls die sündentilgende Wirkung abgesprochen. Diese erfolgt allein mit dem »Ansprengen des Bluts Christi, welches durch die Predig des Euangelions, durch den Tauf und Nachtmahl des Herrn geschicht«. Ein Wort Gottes, das kultische Praktiken mit den Kreaturen bezeugt, gibt es nicht.

Wie erwähnt befassen sich die letzten Artikel mit den Autoritäten[24]. Die Heilige Schrift gilt als »wahrhaftige gwisse Predig des heiligen Geists«. Alle Lehre, Gottesdienst und Religion, die mit ihr nicht vereinbar ist, wird verworfen. Die Schrift ist weder ergänzungs- noch auslegungsbedürftig durch eine andere Instanz wie z. B. den Papst. »Der recht Verstand der Schrift ist bei ihr selbs und bei denen, so durch den heiligen Geist erweckt seind, die Schrift durch die Schrift auszulegen, zu suchen. Gegenüber der dem Papst zuerkannten höchsten Gewalt auf Erden, in der Kirche, ja sogar im Himmel, gesteht ihm auch das Bekenntnis, sofern er das Euangelium Christi schriftgemäß predigt, »das Ampt des höchsten Gwalts auf

[24] Vgl. oben S. 8.

Erden, nämlich das Ampt verzeihen und behalten die Sünde« zu, freilich zusammen mit allen ordentlich berufenen Predigern. Die Ausübung des Schlüsselamts steht nicht jedem Menschen zu, »sonder ist in die Predig des Euangelions ... eingeschlossen«. Das Glaubensbekenntnis zu Christus als Gottes Sohn ist der Felsen und Grund, auf dem die Kirche gebaut ist. »Dieser Glaub hat die Schlüssel des Himmelreichs.« Für die Auffassung, dass die Diener der Kirche keine neuen Glaubensartikel oder Sakramente aufbringen dürfen, beruft sich das Bekenntnis sogar auf Thomas von Aquino.

Der Artikel »Von der Kirchen« setzt mit sieben durchgezählten Aussagen ein, die offensichtlich als unstrittig zwischen den Konfessionen gelten. Hinsichtlich der »einigen, heiligen, katholischen und apostolischen Kirche« beruft sich die Confessio auf das Apostolische und Nizänische Glaubensbekenntnis. Die Kirche wird dermaßen vom Heiligen Geist regiert, dass sie trotz ihrer irdischen Unzulänglichkeiten weder in Irrtümern noch in Sünden verderben kann. Es wird allerdings eingeräumt, dass in dieser Kirche »viel böser Buben und Gleißner eingemischt sein«. In dieser Kirche ist die rechte, wahre Verzeihung der Sünden, dazu die Gewalt, die Heilige Schrift zu bezeugen und über alle Lehre zu urteilen, beides freilich nur auf der Grundlage der Heiligen Schrift, in der der Bräutigam Christus zur Kirche als seiner Braut redet. Strittig ist, wo diese Kirche ist. Das Bekenntnis ortet sie seiner Konzeption entsprechend da, »da das Euangelion Christi rein gepredigt und die Sakrament nach der Stiftung Christi recht gehandelt werden«. Hinsichtlich der Konzilien wird anerkannt, »daß die Kirch ihre Gericht von der Lehr und Gottesdienst haben soll«. Über den Konzilien steht jedoch die Autorität der Heiligen Schrift. Wegen der möglichen Unzulänglichkeit von Konzilien als Menschenversammlungen sind ihre Entscheidungen an der Richtschnur der Heiligen Schrift zu prüfen. Dasselbe gilt von den »Scribenten der Kirche« als den theologischen Autoren. Wie das Interim handelt der letzte Artikel der Confessio »Von den Kirchenzeremonien«. Dies fügt sich

insofern in den Zusammenhang der Autoritäten, als es um die differenzierte Reichweite einschlägiger kirchlicher Bestimmungen sowie die Freiheit von ihnen geht.

Der »Beschluß« ist der Auffassung, die Confessio habe vorgebracht, was »in der Lehr und im ganzen Ampt und Regiment der Kirchen zu billichen, auch zu verwerfen oder zu bessern sei«. Dies entspricht tatsächlich der Struktur der Confessio von Anerkennung, Kritik oder Korrektur. Zu etwaigen nötigen Erläuterungen erklärten sich die Prediger bereit. Die Mitwirkung an der Wiederaufrichtung der Kirche wird von allen Gottesfürchtigen, in welchem Amt und Beruf sie auch stehen mögen, erbeten. Der Verfall der Kirche in Leben und Lehre lasse sich nicht in Abrede stellen und auch nicht hinnehmen, sonst droht Gottes Zorn. Insonderheit erfordere »die Lehr von der Buß und Rechtfertigung, auch von dem Gebrauch der Sakrament und von dem ehelosen Leben der Kirchendiener eine rechte christliche Reformation«. Angesetzt werden soll also einerseits im Zentrum reformatorischen Glaubens und andererseits bei der die evangelischen Amtsträger bedrängenden Auflage des Zölibats. Wenn in diesen Stücken entsprechend der Heiligen Schrift und der eigentlichen Meinung der Kirche etwas zurechtgebracht werden würde, wäre dies ein gottwohlgefälliger Dienst und für die Christenheit ein Grund zu Dankbarkeit und Gehorsam. Die Prediger meinen zwar hinsichtlich der Lehre und der Kirchenordnung nicht zu irren, erklären sich aber bereit, sich durch die Heilige Schrift oder die Meinung der katholischen Kirche korrigieren zu lassen. Der Herzog und seine Regierung wollen keine Mühe sparen, »daß die rechte Ruwe, der wahre Fried und Einigkeit und das Heil der Kirchen in Jesu Christo dem Sohn Gottes erhalten werden mögen«. Der Beschluss fasst so nochmals eindrücklich zusammen, inwiefern die Confessio eine Gesprächsgrundlage zwischen den Religionsparteien hätte sein können.

Aufgebaut war die Confessio aus dogmatischen sowie aus die Kirchenordnung betreffenden Komplexen, wobei sich beides auch überlagern konnte. Bewusst sind die trinitarische

Gotteslehre und die Rechtfertigungslehre vorangestellt worden. Einen großen Teil der kontroversen Problematik umfasste die Sakramentslehre. Nicht von ungefähr ordnen sich die Heiligen, die Verstorbenen und das Fegfeuer zu einem eigenen Komplex. Schließlich hatte sich daran die Reformation entzündet. Dem benachbart sind eine Reihe von Frömmigkeitspraktiken, die vor der reformatorischen Kritik gleichfalls nicht mehr bestehen können. Eindrucksvoll ist schließlich die Erörterung über die diversen Autoritäten in der Kirche. Mit dem ekklesiologischen Bezug auf die altkirchlichen Konzilien und die Kirchenväter sowie mit der gesuchten Anknüpfung an altgläubige Positionen hat sich das Bekenntnis auf eine Plattform des kirchlichen Dialogs begeben, der bedauerlicherweise auf dem Konzil dann doch nicht geführt worden ist. Die charakteristische und normierende Mitte der Confessio Virtembergica ist die Zueignung des Christus-Heils durch das Medium der Predigt[25], was nicht nur eine kontroverstheologische Herausforderung, sondern auch eine solche an den aktuellen Inhalt der kirchlichen Verkündigung bedeutet. Seit der sog. «Kleinen (württembergischen) Kirchenordnung» von 1553[26] war Herzog Christophs «Confession, so wir zu Triendt überantwurten haben lassen«, neben der Confessio Augustana Bekenntnisnorm.

## Zur Wirkungsgeschichte

Das Bekenntnis hat dann doch vom bewusst katholischen Standpunkt aus eine gelehrte Widerlegung gefunden durch die »Assertio catholicae fidei« [Behauptung des katholischen Glaubens] (Köln 1554) des damaligen Dillinger Theologieprofessors und früheren Beichtvaters des Kaisers Petrus a

25 Vgl. Bizer 130-134.
26 Köhler, Bibliographia Brentiana, Nr. 250 f.

Soto, eines aus Spanien stammenden Dominikaners[27]. An seinen Ausführungen kann man beobachten, wie sich aus der Ablehnung des »allein durch den Glauben« und der angenommenen Gerechtmachung durch die eingegossene Gnade das theologische Paradigma völlig verändert. Die anzuerkennende Autoritätsinstanz ist die Kirche mit ihren Entscheidungen und ihrer Auslegung der Heiligen Schrift. Die interkonfessionellen Ansätze der Confessio hat a Soto eigentlich nicht wahrgenommen. Dazu war 1554 auch nicht mehr der richtige Zeitpunkt. Selbst von kaiserlicher Seite ging es damals nur noch um eine Markierung der Abgrenzung.

Man bräuchte auf a Sotos Assertio hier nicht weiter einzugehen, wenn Brenz ihr nicht eine »Apologia Confessionis« entgegengestellt hätte, die von 1555 bis 1559 in insgesamt fünf Teilen erschien und mit insgesamt 1865 Quartseiten zu den umfänglichsten und wohl auch zu ausführlich geratenen theologischen Darlegungen von Brenz gehört[28]. Von der Hoffnung auf eine konziliare Verständigung ist darin nichts mehr zu spüren.

Diese breite Explikation der Konzeption der Confessio beginnt in den Prolegomena mit der Begründung des (von Brenz nicht als problematisch empfundenen) Kirchenregiments des Landesherrn, in dessen Namen auch die Confessio ergangen ist, und mit der Behauptung der Autorität der Heiligen Schrift vor den Kirchenvätern und den kirchlichen Traditionen. Die Kirche wird begriffen als »die Versammlung der Menschen, die wahrhaft an Christus glaubt.«

Die 1. Perikope hat hauptsächlich die Rechtfertigungslehre zum Inhalt. Gottes Erwählung des in der Sünde versklavten Menschen ist allein seiner Güte zu verdanken. Die Rechtferti-

27 Vgl. dazu Bizer, 64 - 74. Die Prolegomena der Apologie erschienen 1555 (Köhler, Nr. 288), Perikopa I 1556 (Köhler, Nr. 308), Perikopa II.1 1557 (Köhler, Nr. 329), Perikopa II.2 1557 (Köhler, Nr. 330) und Perikopa III 1559 (Köhler, Nr. 355).

28 Vgl. dazu Bizer 75 - 93.

gung ist konsequent imputativ gefasst und erkennt so (gegen a Soto) weder einen Beitrag der menschlichen Tugenden zur Gerechtigkeit an, noch wird (wie von Andreas Osiander damals angenommen worden war) von einer dem Menschen innewohnenden Gerechtigkeit ausgegangen. Rechtfertigen bedeutet von den Sünden lossprechen. Damit ist dann die erneuernde Begabung mit dem Heiligen Geist verbunden, die, wenn auch noch nicht vollkommen, die Werke der Gerechtigkeit tun lässt. Der Christ ist nicht wegen der Tugenden Glaube, Liebe, Hoffnung gerecht, sondern mit der einen Hand ergreift er Christus und empfängt so die Vergebung, mit der andern tut er die Werke der Liebe. Das Mittel ist auch hier das gepredigte Evangelium von Jesus Christus.

Die gesamte (zweigeteilte) 2. Perikope ist der Auseinandersetzung mit der altgläubigen Sakramentslehre gewidmet. Brenz zeigt sich dabei auch bis in die liturgischen Noten hinein gut informiert über die katholischen gottesdienstlichen Ordnungen. In den Ausführungen über die Eucharistie zeichnet sich der in jenen Jahren gegenüber den Reformierten erfolgte Ausbau der Christologie ab, der das theologische Spätwerk von Brenz mitprägt. Wo der Sohn Gottes ist, da ist auch der von Gott in die Einheit der Person aufgenommene Mensch. So kann er mit seinem Leib und Blut die Vergebung und das ewige Leben geben. Die 3. Perikope begibt sich nochmals in eine intensive Bestreitung katholischer Missbräuche.

Mehrfach bekennt sich Brenz zu Luther als seinem Lehrer und dessen göttlicher Sendung, die darin bestanden habe, mit der Autorität der geoffenbarten Lehre die päpstliche Irrlehre zu überwinden. Fast am Schluss, im Abschnitt über die Konzilien[29], findet sich folgendes selbstbewusste und doch ganz sachbezogene persönliche Zeugnis, das belegt, um was es ihm immer gegangen ist: »Da ich in diesem Jahr, in dem ich dies schreibe, 60 Jahre alt bin, stehe ich bereits im 37. Jahr im öffentlichen kirchlichen Amt. Welchen Mühen habe ich mich

[29] S. 1587.

dabei unterzogen, welches Elend nicht gesehen, welche Gefahren ausgestanden, mit welchen Sorgen und Ehren hat man mich nicht beladen? Das alles hat sich dahin gerichtet und richtet sich noch dahin, dass auch ich mehr und mehr Christus, und ihn als den Gekreuzigten, erkenne [vgl. 1 Kor 2,2] und dass der Kirche durch göttliche Gabe und meinen wie auch immer gearteten Dienst zu dieser Erkenntnis geholfen werde. Was bin ich? Soll ich, weil ich meine Schwachheit erkenne, deshalb meiner Berufung nicht folgen und von meinem Glauben keine Rechenschaft geben? Ich habe geglaubt, darum habe ich geredet [vgl. 2 Kor 4,13]. Oder sollte ich, weil ich ein Sünder bin und fallen kann, deshalb Christus nicht bekennen und hingegen den Antichrist anbeten?«

Auf die Prolegomena der Apologie von Brenz hatte a Soto bereits 1557 mit einer »Defensio catholicae confessionis« geantwortet, auf die Brenz seinerseits im letzten Teil der Apologia einging und die dann 1561 nochmals ausführlich von den Tübinger Theologen widerlegt wurde.

Die 39 Artikel der anglikanischen Kirche von 1563 haben an einigen Stellen Formulierungen der Confessio Virtembergica übernommen, ohne freilich dadurch wesentlich geprägt worden zu sein[30].

30 Vgl. Bizer, 117 - 126 und 197 - 199 (eine Nebeneinanderstellung der einschlägigen Texte).

# Zur Textgestaltung

Schon Ernst Bizer[1] hat festgestellt, dass es keine handschriftliche Überlieferung für den lateinischen oder deutschen Text der Confessio Virtembergica (CV) mehr gibt, die vor die Erstdrucke zurückreicht. Die von Bizer erwähnten Abschriften der CV in Reutlingen und Memmingen sind demnach jünger und wurden daher für die vorliegende Ausgabe nicht herangezogen.

Seit der Arbeit Bizers ist noch ein weiterer Überlieferungsverlust eingetreten: die Akten über die Beschickung des Tridentinums durch Württemberg und die Entstehung der CV[2], die Bizer noch 1951 eingesehen hat, wurden 1961 als fehlend festgestellt[3], sie konnten also für die vorliegende Ausgabe nicht herangezogen werden. Zwar enthielten diese Akten nach der Darstellung von Bizer keine für die Textgestalt der CV bedeutsamen Informationen, doch bleibt immerhin zu bedauern, dass eine nicht zum Druck gelangte deutsche Übersetzung der CV, die von Brenz durchkorrigiert worden war, sich bei diesen Akten befand, auf die zumindest derzeit nicht zurückgegriffen werden kann.

Aufgrund dieser Überlieferungslage hatte die vorliegende Ausgabe den Erstdrucken zu folgen, von denen angenommen werden muss, dass sie, wie das herzoglich württembergische Wappen auf den Titelblättern ausweist, den offiziellen Text bieten und deshalb auch mit besonderer Sorgfalt hergestellt worden sind. Der Auffassung Bizers, dass die CV erst durch die Aufnahme in die Große Württembergische Kirchenordnung von 1559 amtliche Geltung erhalten hätte[4], weshalb er diese

1 Bizer S. 191.
2 Hauptstaatsarchiv Stuttgart A 63 Bü 9.
3 Nach Auskunft des Hauptstaatsarchivs Stuttgart ist damit zu rechnen, dass sie falsch reponiert wurden und eines Tages wieder zum Vorschein kommen.
4 Bizer S. 192.

(deutsche) Fassung seiner Ausgabe zugrunde legte, vermögen wir daher nicht beizupflichten. Vielmehr sind es die Erstdrucke, nämlich Köhler 219 für den lateinischen und Köhler 222 für den deutschen Text, denen diese Bedeutung und damit auch die Priorität zukommt. Sie werden deshalb dieser Ausgabe zugrunde gelegt.

Für den leichteren Gebrauch unserer Ausgabe wurden die einzelnen Artikel des Bekenntnisses nach dem Vorgang von Bizer durchnumeriert.

Für die Textgestaltung im einzelnen wurden die *Empfehlungen zur Edition frühneuzeitlicher Texte der »Arbeitsgemeinschaft historischer Forschungseinrichtungen«*[5] zugrunde gelegt. Daraus wurden für die vorliegende Edition folgende Regeln abgeleitet:

**a. lateinischer Text**

Textgestalt und Interpunktion der Vorlage wurden in der Regel beibehalten. Im einzelnen fand jedoch eine Vereinheitlichung und Anpassung an den heutigen Gebrauch statt. Demnach wird der Text buchstabengetreu wiedergegeben, so auch das im Text durchgängig gebrauchte *Euangelion*, das also in der griechischen Form gebraucht wird.

Vom Grundsatz der Buchstabentreue werden folgende Ausnahmen gemacht:

– eindeutige Abkürzungen werden ohne weiteres aufgelöst, z. B. nō = non, &c = et.
– die gelegentlich erscheinende Schreibung von c für t wurde vereinheitlicht, z. B. iustitia statt iusticia
– ę (e-caudata) erscheint als ae
– u und v werden nach ihrem Lautwert wiedergegeben
– j als Schluss-i wird mit i wiedergegeben, z. B. filij = filii
– Akzente (z. B. verè) entfallen

Zusätze des Bearbeiters erscheinen in [ ].

5 Archiv für Reformationsgeschichte 72 (1981) S. 299-315.

Groß- und Kleinschreibung der Vorlage sind beibehalten, desgleichen die Hervorhebungen der Vorlage mittels Kapitälchen und die Wiedergabe der Quellenangaben durch Kursivschrift. Satzanfänge werden groß geschrieben.
Die Zeichensetzung wurde nach folgenden Grundsätzen eingerichtet:

- vor Relativsätzen wurde, falls nicht vorhanden, ein Komma eingefügt
- Kolon (Doppelpunkt) wird entweder als Semikolon (Strichpunkt) oder als Punkt wiedergegeben, vor Zitaten jedoch als Doppelpunkt
- Komma vor et entfällt in Aufzählungen
- Punkt oder Komma vor Zitaten wird als Doppelpunkt wiedergegeben.

**b. deutscher Text**

Die Textgestaltung richtet sich hier ebenfalls nach den obengenannten Empfehlungen. Demnach wird der Text buchstabengetreu wiedergegeben. Dies trifft auch für die im deutschen Text verwendete griechische Wortform *Euangelion* zu. Vom Grundsatz der Buchstabentreue werden folgende Ausnahmen gemacht:

Eindeutige Abkürzungen werden ohne weiteres aufgelöst, wie z. B.: dz = das, kirchē = kirchen, ū = und.

Überstrichenes m wird entweder als mm oder als mb, wie in *darumb, eigenthumb,* wiedergegeben.

Überschriebenes e auf a, o und u zur Kennzeichnung des Umlauts wird als ä, ö oder ü wiedergegeben. In Fällen, wo der überschriebene Laut einen Diphthong bezeichnet, wird dies wie in der Vorlage wiedergegeben, z. B. buͤch, ruͤwig.

Überschriebenes o auf u wird wie in der Vorlage wiedergegeben, z. B. zuͦ.

Diakritische Zeichen auf u (ü) werden nicht wiedergegeben, z. B. *teüfel* = teufel, *creütz* = creutz.

Bei i und j wird in Abweichung von der Vorlage zwischen vokalischem i und konsonantischem j unterschieden, z. B.

jr = ir. Ebenso wird bei u und v unterschieden, z. B. vnd = und, uerschaffen = verschaffen.

Wegen des wechselnden Gebrauchs in der Vorlage wird *zu* vor dem Infinitiv grundsätzlich getrennt geschrieben, z. B. *zubringen* = zu bringen.

Groß- und Kleinschreibung folgt der Vorlage, jedoch werden Satzanfänge durch Großbuchstaben bezeichnet.

Die Initialen bei den Anfängen der einzelnen Artikel werden nicht als solche wiedergegeben.

Die Interpunktion folgt der Vorlage, jedoch wird diese zum Zweck der besseren Lesbarkeit in Einzelfällen dem heutigen Gebrauch angepasst. Die Virgel / wird je nach Stellung als Komma, Doppelpunkt oder Punkt wiedergegeben.

## Zur Bibliographie

Zur Bibliographie der Drucke der CV kann verwiesen werden auf das nach wie vor maßgebende Werk von Walter Köhler, Bibliographia Brentiana, Berlin 1904. Dort sind die Drucke der lateinischen Fassung der CV als Köhler 219-221, 239, 240, 309-311, 356, 394, 464, 547, 553, 586, 594, 600, 601, 609 verzeichnet, die deutsche Fassung als Köhler 222-227, 357, 556, 627. Der deutsche Text der CV ist ebenfalls enthalten in der Großen Württembergischen Kirchenordnung von 1559 (Köhler 357) und deren Nachdrucken. Ebenso erscheint er in Band 8 der 1576-1590 erschienenen Werkausgabe von Brenz: Operum ... D. Ioannis Brentii ... Tomus octavus. In quo continentur polemica scripta contra Petrum a Soto et Sacramentarios, Tübingen: Georg Gruppenbach 1590, S. 1-34 (Köhler 571).

Die alsbald entstandenen und gedruckten Übersetzungen werden ebenfalls von Köhler verzeichnet, nämlich die französische als Köhler 228 und 555, die italienische als Köhler 241 sowie die slowenische als Köhler 409 und die kroatischen als Köhler 410 und 411, ferner der englische Druck als Köhler 563.

Nachstehend werden die bibliographischen Angaben für die beiden Erstdrucke gegeben, die unserer Edition zugrunde gelegt wurden sowie für die beiden zuletzt erschienenen Ausgaben:

1.

CONFES=
SIO PIAE DOCTRI=
NAE, QVAE NOMINE ILLV=
strissimi principis ac domini D. CHRI=
STOPHORI Ducis VVirtembergen=
sis & Teccensis, ac Comitis Montisbe=
ligardi, per legatos eius die XXIIII.
mensis Ianuarij, Anno M. D. LII. con=
gregationi Tridentini Conci=
lij proposita est.
[hzgl. württ. Wappen]
TVBINGAE PER VLRI=
chum Morhardum.

72 Bl. in 8°
Titelrückseite und letzte Seite leer. – Kustoden, Marginalien. – Signaturen von Bl. 3 an: A-$A_5$ etc. bis $K_5$.
Benutztes Exemplar: Stuttgart WLB Theol. 8°3408 = Köhler 219.

2.

Confession
Des Durchleüchtigen/
Hochgebornnen Fürsten vnd Herrn/
Herrn Christoffs Hertzogen zů Wir=
temberg/ vnd zů Teckh/ Grauen zů
Mümppelgart/ etc. so ir F. G. auf den
XXIIII. Januarij/ An. M. D. LII.
dem versamelten Concilio zů Triendt
durch jrer F. G. gesandten
überantwort.
[hzgl. württ. Wappen]
Getruckt zů Tübingen durch
Vlrich Morhart.

92 Bl. in 8°
Titelrückseite leer. – Kustoden und Marginalien. – Signaturen: Aij – Av, B-Bv etc. bis Miij.
Auf dem vorletzten Blatt: Zeiger der hauptartickel.
Auf der letzten Seite: Morhards Druckerzeichen (Lamm mit der Fahne in kleiner Fassung).
Benutztes Exempar: Tübingen UB Gc 208 = Köhler 222

3.
Confessio Virtembergica. Das Württembergische Bekenntnis von 1551. Hg. von Ernst Bizer (7. Sonderheft der Blätter für württembergische Kirchengeschichte) Stuttgart 1952.

4.
Württembergisches Glaubensbekenntnis (Confessio Virtembergica) 1551. Im Auftrag des Württ. Evang. Oberkirchenrates aus dem lateinischen Urtext übertragen und für die Gemeinde herausgegeben von Konrad Gottschick und Wolfgang Metzger, Stuttgart 1952.

## Abgekürzt zitierte Titel

| | |
|---|---|
| Bizer | Confessio Virtembergica. Das Württembergische Bekenntnis von 1551. Hg. von Ernst Bizer (7. Sonderheft der Blätter für württembergische Kirchengeschichte) Stuttgart 1952 |
| BSLK | Die Bekenntnisschriften der evangelisch-lutherischen Kirche. Hg. v. Deutschen evangelischen Kirchenausschuß, Göttingen 1930, $^{6}$1967. |
| CChr | Corpus Christianorum<br>SL – Series Latina, Turnholt 1953ff. |
| CSEL | Corpus scriptorum ecclesiasticorum Latinorum, Wien 1886 ff. |
| Friedberg | Corpus Iuris Canonici ed. Aemilius Friedberg, Leipzig 1879 |

| | |
|---|---|
| GCS | Die griechischen Schriftsteller der ersten drei Jahrhunderte, Berlin 1897 ff. |
| PG | Patrologiae cursus completus. Accurante Jacques-Paul Migne. Series Graeca, Paris 1857 - 1866 |
| PL | Patrologiae cursus completus. Accurante Jacques-Paul Migne. Series Latina, Paris 1841 - 1864 |

Confes-
sio piae doctri-
nae, quae nomine illu-
strissimi principis ac domini D[omini] Chri-
stophori Ducis Wirtembergen-
sis et Teccensis ac Comitis Montisbe-
ligardi per legatos eius die XXIIII.
mensis Ianuarii, Anno M. D. L II. con-
gregationi Tridentini Conci-
lii proposita est.
Tubingae per Ulri-
chum Morhardum.

## Praefatio.

Cum agnoscamus, nos divina clementia ad gubernaculum nostrae regionis ac Reip[ublicae] vocatos, nihil prius hactenus duximus, quam ut coram Deo patre Domini nostri Iesu Christi et universa eius Ecclesia, studium nostrum in excitanda et propaganda vere pia doctrina, quibuscunque possemus officiis, testificaremur.

Etsi enim non ignoramus, suum esse discrimen inter Politicam et Ecclesiasticam functionem, tamen cum Psalmus nos gravissime hortetur: Nunc reges, inquiens, intelligite, erudimini, qui iudicatis terram, servite Domino in timore et tremore [Ps 2, 10 s.]; non debuimus coelestem vocem contemnere, sed omnem conatum et operam nostram, ad iuvandum veram Ecclesiam filii Dei, pro virili nostra, conferre.

Alii, alias quidem rationes inire solent, quibus cogitant se filio Dei, et Ecclesiae eius, studium suum probare.

Nos autem iudicavimus, ad veram Ecclesiae salutem aut constituendam, aut conservandam, nihil esse nec utilius, nec Deo acceptius, quam ut ministerium coelestis ac vere piae doctrinae, officiis tum publicis, tum privatis, iuvetur.

Confession
Des Durchleuchtigen,
Hochgebornnen Fürsten und Herrn,
Herrn Christoffs Hertzogen zů Wirtemberg, und zů Teckh, Graven zů Mümppelgart, etc. so ir F. G. auf den XXIIII. Januarii, An. M.D.L.II. dem versamelten Concilio zů Triendt durch irer F. G. gesandten überantwort.

Getruckt zů Tübingen durch Ulrich Morhart.

## Vorrede.

Nach dem wir erkennen, das wir auß Gottes gnad zům Regiment unsers Fürstenthumms und gmeinde berůfft und verordnet seind, haben wir biß anher, nichts fürtreffenlichers geachtet, dann das wir vor Gott dem Vatter unsers HERRN Jesu Christi, und vor seiner gantzen kirchen, unsern fleiß, zů pflanzen und zů erhalten die recht göttlich leer, mit allem unserm müglichem dienst, bezeugten.

Dann wiewol wir wol wissen, das zwischen dem weltlichen und Geistlichen Regiment sein underschid ist, jedoch, dweil der Psalm uns gantz ernstlich ermanet, und sagt: Laßt euch weisen ir Künig, und laßt euch züchtigen ir richter auff erden, dienet dem HERNN mit forcht, und frewet euch mit zittern, So haben wir die Göttlich stimm nicht verachtet, sonder all unser fürnemen, und fleiß, unsers bessten vermügens, der rechten waren kirchen, des Sons Gottes zů helffen, anrichten sollen.

Es haben zwar sonst etlich andere, ir eigen weiß unnd wege, dardurch sie vermeinen iren dienst dem Son Gottes und seiner kirchen zů erzeigen. Wir aber halten es darfür, das zů erbawen, und zů erhalten das recht heil der Kirchen, nichts nutzlicher und Gott gefelliger sei, dann das die predig Göttlichs worts,

Et quia propter immensam clementiam Dei, quam fecit nobis in Iesu Christo filio suo testatissimam, non dubitamus, quin nos ut vera membra sua complectatur; debuimus ei vicissim hoc obsequium, ut, quoquo modo possemus, benevolentiam nostram erga sponsam eius Ecclesiam, qua nihil ei est in his terris aut amabilius, aut preciosius, declaremus.

Iussit nos alius Psalmus, portas nostras aperire Regi gloriae [Ps 23, 7 Vulg.]. Existimavimus autem, portas tanto Regi vere tum patere, cum coelesti doctrinae eius in Ecclesiis locus conceditur.

Sed cum inciderint variae de doctrina Ecclesiastica dissensiones, et visum est invictissimo domino Imperatori Carolo, eius nominis quinto, domino nostro clementissimo, ac reliquis statibus sacri Romani imperii, si quid habemus, quod vel ad publicam Ecclesiae pacem, vel ad privatam conscientiae tranquillitatem, pertinere videatur, commemorare. Iussimus concionatores nostros summam doctrinae ipsorum conscribere, ut palam testarentur, in nostris Ecclesiis, non nisi vere Apostolicae, Catholicae et Orthodoxae doctrinae, locum datum esse.

Voluimus igitur, ut hoc scriptum concionatorum nostrorum publice proponeretur et speramus futurum, ut universa Ecclesia piorum re ipsa videat, nihil a nostris Ecclesiis alienius esse, quam ut in iis quicquam, quod cum scriptis Propheticis et Apostolicis, ac consensu vere Catholicae Ecclesiae pugnet, vel in doctrina praedicandum, vel in ritibus sacrorum administrandum, susceptum fuerit.

und der rechten reinen leer, in allweg von Oberkeit unnd Underthon gefürdert werde.

Und dweil wir von wegen der unermeßlichen Barmhertzig keit Gottes, die er uns in Jesu Christo seinem Son erkläret unnd bezeuget hat, in keinen zweiffel setzen, er nem sich unser als seiner rechten waren glider an, So haben wir hingegen ihm disen dienst beweisen sollen, das wir unsern gůten geneigten willen, gegen seiner gespons der Kirchen, on welche er auff diser erden nichts liebers noch werders hat, unsers bessten vermügens erzeigten.

Es bevilhet unns ein anderer Psalm, das wir unsere Thor dem König der ehren auff thůn sollen. Wir haben es aber darfür geachtet, das die Thor einem so gwaltigen König dazůmal offen steen, wann man seiner himmelischen Göttlichen leer in der Kirchen raum gebe.

Nach dem aber sich mancherlei zwispaltung von der Christlichen leer zůgetragen haben, und den unüberwindtlichsten herrn Keiser Carolum den fünfften, unsern allergnedigsten herrn, auch die andere stende des heiligen Römischen Reichs, für gůt angesehen, da wir etwas hetten, das wir zů gemeinem friden der kirchen, oder zů sonderer růwe unsers gwissens dienstlich zů sein gedechten, sollichs offenlich fürzůbringen. So haben wir hierauff den Predigern der Kirchen in unserm Fürstenthumb, die summ irer leer in schrifft zů verfassen, bevelch geben, damit offenlich zů bezeugen, das sunst keiner anderen, dann der rechten waren Apostolischen, Catholischen und Orthodoxen leer, in unsern Kirchen raum gegeben worden sei.

Hierauff haben wir dise schrifft unserer Prediger offenlich darlegen wöllen, unnd verhoffen, die gantz Christlich kirch werde im werck befinden, es habe gar nichts die meinung, das in unsern kirchen etwas in der leer zů predigen, oder in dem gotsdienst zů verrichten, das der heiligen Propheten und Apostel schrift, auch der einhelligen meinung der rechten Catholischen kirchen zů wider were, fürgenommen sei.

## [Art. 1]

## De Deo et tribus in una Divinitate personis.

Credimus et confitemur, unum solum, verum, aeternum, immensum esse deum» omnipotentem creatorem omnium visibilium et invisibilium, et in hac una ac aeterna divinitate, tres esse per se subsistentes proprietates seu personas, Patrem, Filium et Spiritum sanctum. Sicut docet Prophetica et Apostolica Scriptura, et explicant tria symbola, Apostolicum, Nicaenum et Athanasii.

## [Art. 2]

## De filio Dei.

Credimus et confitemur, filium Dei DOMINUM nostrum Iesum Christum, ab aeterno a patre suo genitum, verum et aeternum Deum, patri suo consubstantialem et in plenitudine temporis factum hominem, ad expianda peccata et procurandam aeternam salutem humani generis, ut Iesus Christus, verus Deus et verus homo, sit una tantum persona, non duae, et in una persona sint duae naturae, non una tantum. Sicut testimoniis sacrae scripturae exposuerunt sancti patres, in Concilio Nicaeno, Ephesino primo et Chalcedonensi. Itaque detestamur omnem haeresim, cum hac doctrina de filio Dei pugnantem.

[Art. 1]

## Von Gott unnd dreien personen in einem Göttlichen wesen.

Wir glauben und bekennen, das nur ein einiger warer ewiger unbegreifflicher Gott sei, Almächtig, unnd Schöpffer aller sichtbaren und unsichtbaren ding, und das in disem einigen, ewigen göttlichen wesen, drei underschidlich, selbstendig eigenschaft oder personen seien, nemlich Vatter, Son, unnd heiliger Geist, wie hievon die schrifft der heiligen Propheten und Aposteln leeren, unnd die drei Simbola, das Apostolicum, Nicenum, und Athanasii erclerent.

[Art. 2]

## Von dem Son Gottes.

Wir glauben unnd bekennen, das der Son Gottes, unser HERR Jesus Christus, seie von ewigkeit, von seinem vatter geborn, ein warer ewiger Gott, eins wesens mit Gott seinem vatter, und das er, nach dem die zeit erfüllet, mensch ist worden, die sünd zů bůssen, unnd dem menschlichen geschlecht das ewig heil zů verschaffen. Also das Jesus Christus, warer Gott und warer mensch, seie nur ein person, unnd nicht zwů personen, und das in diser einigen person, seien zwů naturen, und nicht nur ein natur. Wie dann die heiligen vätter in dem Concilio Niceno, Ephesino primo, und Calcedonensi, mit kuntschafft der heiligen schrifft erwisen haben. Darumb verwerffen wir alle ketzerei, so diser leer von dem Son Gottes zů wider seien.

[Art. 3]

## De Spiritu sancto.

Credimus et confitemur, Spiritum sanctum ab aeterno procedere a Deo patre et filio et esse eiusdem cum patre et filio essentiae, maiestatis et gloriae, verum ac aeternum Deum. Sicut autoritate sacrae scripturae recte explicuerunt sancti patres, in Concilio Constantinopolitano, adversus Macedonium.

[Art. 4]

## De peccato.

Credimus et confitemur, hominem initio iustum, sapientem, libero arbitrio praeditum, Spiritu sancto ornatum, ac foelicem a Deo conditum esse; postea autem propter inobedientiam, Spiritu sancto privatum, factum manicipium Satanae et obnoxium tam corporali, quam aeternae damnationi. Idque malum, non in uno tantum Adamo constitisse, sed propagari in omnem posteritatem eius.

Quod autem nonnulli affirmant, homini post lapsum tantam animi integritatem relictam, ut possit sese naturalibus suis viribus et bonis operibus ad fidem et invocationem Dei convertere ac praeparare, haud obscure pugnat cum Apostolica doctrina et cum vero Catholicae Ecclesiae consensu.

*Ad Roman. 5* [, 18].

Per unius delictum propagatum est malum, in omnes homines, ad condemnationem.

*Ad Ephesi. 2* [, 1].

Cum essetis mortui delictis ac peccatis, in quibus aliquando ambulastis, iuxta saeculum mundi huius, iuxta principem etc.

[Art. 3]

## Von dem heiligen Geist.

Wir glauben und bekennen, das der heilig geist, von ewigkeit her, von Gott dem Vatter und Sone außgehe, und seie mit dem Vatter und Sone gleichs wesens, maiestet und herrlicheit, ein warer ewiger Gott. Wie dann die heiligen vätter, in dem ersten Concilio zů Constantinopel, vermög der heiligen schrifft, außgefürt haben.

[Art. 4]

## Von der Sünde.

Wir glauben und bekennen, das der mensch im anfang Gerecht, weiß, eins freien willens, geziert mit dem heiligen geist, und sälig von Gott erschaffen sei. Aber nachvolgents des heiligen geists beraupt, des teufels eigner knecht, unnd nicht allein der leiblichen zeitlichen, sonder auch der ewigen verdamnus, von wegen des ungehorsams, verpflicht worden sei. Das auch dises übel, nicht allein auff dem Adam beliben, sonder auch auff alle seine nachkommen gerathen sei.

Das aber etlich fürgeben, der Mensch sei nach dem fall, so, gantz und volkommen beliben, das er sich mit seinen natürlichen krefften, und gůten wercken, zů dem glauben und anrůffung Gottes bekeren, und bereitten möge, ist offentlich wider die leer der Apostelen, und wider die einhellig meinung der rechten Catholischen kirchen.

*Rom. v.*

Durch eines einigen sünd, ist die verdamnus über alle menschen kommen.

*Ephe. ii.*

Da ir todt waren, durch übertrettung unnd sünde, in welchen ir weilandt gewandlet haben, nach dem lauff diser welt, und nach dem Fürsten, der in der lufft wonet, etc.

Et mox [Eph 2, 3]: Eramus natura filii irae, quemadmodum et caeteri. Mortui, inquit, peccatis, et filii irae, hoc est, alieni a gratia Dei. Sicut autem homo corporaliter mortuus, non potest sese suis viribus praeparare aut convertere, ad accipiendam vitam corporalem, ita mortuus spiritualiter non potest sese sua virtute convertere, ad accipiendam vitam spiritualem.

*August. tom. 7. contra duas epist. Pelagia. ad Bonifacium lib. 2. cap. 8*[1].

DOMINUS, ut responderet futuro Pelagio, non ait: Sine me DIFFICILE potestis quicquam facere; sed ait: Sine me NIHIL potestis facere [Joh 15,5]. Et ut responderet futuris etiam istis, in eadem ipsa Euangelica sententia non ait: Sine me nihil potestis perficere, sed facere. Nam si perficere dixisset, possent isti dicere, non ad incipiendum bonum, quod a nobis est, sed ad perficiendum, esse Dei adiutorium necessarium.

*Et mox*[2].

Hominis est praeparare cor, et a DOMINO responsio linguae [Prov 16, 1]. Non bene intelligendo falluntur, ut existiment cor praeparare, hoc est bonum inchoare, sine adiutorio gratiae Dei, ad hominem pertinere. Absit, ut sic intelligant filii promissionis, tanquam cum audierint Dominum dicentem: Sine me nihil potestis facere [Joh 15,5], quasi convincant eum, dicentes: Ecce sine te possumus cor praeparare. Aut cum audierint a Paulo Apostolo: Non quia idonei sumus cogitare aliquid, quasi ex nobismet ipsis, sed sufficientia nostra ex Deo est [2 Kor 3,5], tanquam et ipsum convincant, dicentes: Ecce idonei sumus ex nobismet ipsis, praeparare cor, ac per hoc et boni aliquid cogitare.

1 Augustinus, Contra duas epistolas Pelag. ad Bonif. lib. 2, cap. 8. CSEL 60, 480, 4-10.

2 Ebenda cap. 9, CSEL 60, 481, 5-16.

Und gleich darauff. Wir waren auch kinder des zorns, von natur, gleich wie die andern.

Paulus sagt, da ihr todt waren durch die sünde, und kinder des zorns (das ist) in gottes ungnad. Wie aber ein mensch, der leiblich todt ist, sich nicht selbs auß eignen krefften schicken und bereiten kan, das er das leiblich leben überkeme, also kan auch, der so geistlich todt ist, sich nicht selbs auß seinem eignen vermögen schicken, das er das geistlich leben empfahe.

*Augustinus.*

Der HERR, damit er dem künfftigen Pelagio begegnet, sagt er nicht, on mich kündt ir schwerlich etwas thůn, Sonder sagt, on mich kündt ir nichts thůn. Und damit er auch disen künftigen begegnet, hat er in dem eegemelten spruch des Euangelii nicht gesagt, on mich kündt ir nichts volnbringen, sonder er sagt, thůn. Dann so er gesagt het, volnbringen, so möchten sie sprechen, man seie der hilff Gottes notturfftig[1], nit das gůt anzůfahen, welches wir auß uns selbs haben, sonder das gůt zů volnbringen. Und bald hernach, der mensch setzt im wol für im hertzen, aber vom HERRN kompt was die zůng reden soll. Sie werden auß mißverstand betrogen, das sie meinen, so die schrift sagt, der mensch setze ime wol für im hertzen, seie sovil gesagt, als stehe es in des menschen gewalt, das gůt one die hilff der gnaden Gottes anzůfahen. Aber es sei ferr, das die kinder der verheißung solten dises also versteen. Gleich als wann sie hören, das der HERR sagt, ir kündt on mich nichts thůn, wolten in überstreiten[2] und sagen, sihe wir künden one dich im hertzen das gůt fürnemen. Oder so sie hören von dem Apostel Paulo, nicht das wir tüchtig sind, von uns selber etwas zů gedencken, als von uns selber, sonder das wir tüchtig seien, ist von Gott, wolten in auch überstreiten, und sagen: Sihe wir seind auß uns selber tüchtig, das hertz zů bereiten, unnd demnach auch etwas gůts zů gedencken.

1 bedürftig
2 überwinden

*Et iter. tom. 9. in Ioan. tract. 49*[3].

Nemo se palpet, de suo satanas est, de Dei beatus est. Quid est enim de suo, nisi de peccato suo? Tolle peccatum quod est tuum, Iustitia, inquit, de meo est. Quid enim habes, quod non accepisti? [1 Kor 4,7]

*Ambros. De vocatione gentium lib. I. cap. 9*[4].

Licet insit homini, Malum velle, tamen nisi donatum non habet, bonum velle. Illud contraxit natura per culpam, hoc recipit natura per gratiam.

*Bernhard. In homilia 1. de adnunciat. beatae Mariae*[5].

Si stare non potuit humana natura adhuc integra, quanto minus potuit per se ipsam resurgere iam corrupta.

## [Art. 5]

## De iustificatione.

Credimus et confitemur, quod ad faciendam et exercendam iustitiam Deo gratam, necessariae sint hae virtutes, Fides, Spes et Charitas, et quod homo has virtutes, non ex se concipere possit, sed accipiat ex favore et gratia Dei, quodque fides operetur per dilectionem [vgl. Gal 5, 6].

Sed sentimus, a vere Apostolica et catholica doctrina longissime abhorrere eorum sententiam, qui docent, hominem fieri

3 Augustinus, In Joann. tract. 49 [8]. CChr SL 36, 424, 37 - 40: Nemo ergo se palpet; de suo satanas est, de Dei beatus est. Quid est enim de suo, nisi de peccato suo? Tolle peccatum, quod est tuum. Iustitia, inquit, de meo est. Quid enim habes, quod non accepisti?

4 Pseudo-Ambrosius (Prosper Aquitanus), De voc. gentium, lib. I., cap. 24. PL 51, Sp. 686.

5 Homil. I. de annunciatione b. Mariae. Sancti Bernhardi Opera, ed. J. Leclerq, H. Rochais, Vol V, Rom 1968, 14, 2 s.

*Und abermals.*

Niemand kützel sich selbs, der mensch ist von dem seinen der Teufel, aber auß Gottes gab ist er selig. Was ist von dem seinen anderst, dann von seiner sünd? Thu hinweg die sünd, die von dem deinen ist, so spricht er: Die gerechtigkeit ist von dem meinen, dann was hast du, das du nit entpfangen hast?

*Ambrosius.*

Wiewol im menschen ist, das er das böß wölle, so hat er doch nit, dann allein als ein geschenckte gab, das gůt wöllen. Jhenes hat die natur, auß verdienter schuldt, an sich gebracht, dises aber empfahet die natur durch die gnad.

*Bernhardus.*

So die menschlich natur nicht hat besteen mögen, da sie gantz volkommen war, wie vil weniger hat sie sich, auß eignen krefften, auffrichten mögen, da sie jetz verderbt war.

## [Art. 5]

## Von der Rechtvertigung.

Wir glauben und bekennen, das dise drei tugendt, Glaub, hofnung, und liebe, seien nöttig, das man thu und übe gůte werck, so Gott gefellig sein sollen.

Das auch der Mensch dise tugendt, nicht auß ihme selbs erhole, sonder empfahe sie, auß gunst und gnaden Gottes.

Unnd das der glaub sei thätig, durch die liebe.

Wir halten aber, das deren meinung, so leeren der mensch werde Gott angenem, unnd vor Gott für frumm und gerecht geacht, von wegen diser tugendt, und das man sich vor gottes gericht, auff den verdienst diser tugent, verlassen soll etc., der rechten Apostolischen, und Catholischen leer gantz zůwider sei.

Dann der mensch würt Gott angenem und vor Gott für gerecht geachtet, allein von wegen des Sons Gottes unsers

Deo acceptum, et reputari coram Deo iustum, propter has virtutes, ac in iudicio Dei meritis harum virtutum confidendum esse.

Homo enim fit Deo acceptus, et reputatur coram eo iustus, propter solum filium dei, dominum nostrum Iesum Christum, per fidem, et in iudicio Dei, non est ullo, earum virtutum, quas nos habemus, merito, sed solo merito Domini nostri Iesu Christi, quod fit nostrum per fidem, confidendum.

Et quia coram tribunali Dei, ubi de vera et aeterna iustitia ac salute agitur, nullus plane locus est meritis hominum, sed tantum misericordiae Dei, et meritis solius Domini nostri Iesu Christi, qui fide a nobis accipitur: idcirco sentimus veteres ac maiores nostros recte dixisse: Nos coram Deo sola fide iustficari.

*Ad Rom.3* [, 23 s.].

Omnes peccaverunt et egent gloria dei. Iustificantur autem gratis per gratiam ipsius, per REDEMPTIONEM, quae est in Christo Iesu, quem proposuit deus propiciatorem per fidem« in SANGUINE ipsius.

*Ad Gal.3* [, 22].

Conclusit scriptura omnia sub peccato, ut promissio ex Fide Iesu Christi daretur credentibus.

*Et cap.5* [, 5 s., Erasmus].

Nos Spiritu ex fide spem iustitiae expectamus. Nam in Christo Iesu neque circumcisio quicquam valet, neque praeputium, sed FIDES per dilectionem operans.

*Hilar. in Matth.can.8* [6].

Movet scribas remissum ab homine peccatum, hominem enim tantum in Iesu Christo contuebantur et remissum ab eo, quod lex laxare non poterat. Fides enim SOLA iustificat.

[6] Hilarius, In Matth. cap. 8. PL 9, Sp. 961.

HERREN Jesu Christi, so er an ihn glaubt, So soll man auch sich vor Gottes gericht, auff kein verdienst der tugendt, die wir haben, sonder allein auff den verdienst unsers HERRN Jesu Christi, wölcher verdienst uns durch den glauben, als unser eigenthumb, zů gerechnet würdt, verlassen und vertrösten.

Und nach dem vor dem Richter stůl Gottes, da dann von der waren und ewigen gerechtigkeit und säligkeit gehandelt würdt, der menschen verdienst gar nichts gilt. Sonder es gült allein die barmhertzigkeit Gottes, und der verdienst unsers HERREN Jhesu Christi, der von uns durch den glauben angenommen würdt. So halten wir, das die alten und unsere vorfarn recht gesagt haben, wir werden vor gott allein durch den glauben gerechtvertiget.

*Ro. iii.*

Sie sind all zůmal sünder, unnd manglen des rhůms, den sie an Gott haben sollen, und werden on verdienst gerecht, auß seiner gnad durch die erlösung, so durch Christo Jesu geschehen ist, wölchen Gott hat fürgestellet, zů einem gnaden stůl, durch den glauben in seinem blůt. etc.

*Gala. iii.*

Die schrifft hat es alles beschlossen under die sünde, auff das die verheissung käme, durch den glauben, an Jhesum Christum, gegeben denen die da glauben.

*Und Cap. v.*

Wir warten im Geist, durch den glauben, der gerechtigkeit, der man hoffen můß. Dann in Christo Jhesu gült weder beschneidung, noch vorhaut etwas, sonder der glaube, der durch die liebe thetig ist.

*Hilarius.*

Es bewegt die schrifttgelerten, das die sünd durch ein menschen vergeben sein soll, dann sie sahen an Jesu Christo allein ein menschen, unnd das er vergebe, das das gesatz nicht nachlassen möcht, dann der glaub macht allein gerecht.

*Ambros. in epist. ad Roman. cap. 3*[7].

Iustificati sunt GRATIS, quia nihil operantes, neque vicem reddentes sola fide iustificati sunt, dono dei.

*Et iter. cap. 4. ad Rom.*[8]

Manifeste beati sunt, quibus sine labore vel opere aliquo remittuntur iniquitates et peccata teguntur, nulla ab his requisita poenitentiae opera, nisi tantum ut credant.

Possunt autem multa loca tam e scriptis Propheticis et Apostolicis, quam e sanctis patribus commemorari, quibus probatur, non solum initio gratuita dei clementia donari nobis has virtutes, Fidem, Spem et Charitatem, verum etiam postea per omnem vitam, adeoque in extrema necessitate, haud quaquam nos coram severo tribunali dei constare posse, nisi fiducia solius gratuitae clementiae dei, in Christo filio dei nobis exhibitae. Hoc enim est, quod et Paulus docet et Ecclesiastici scriptores exponunt: Nos coram deo sola fide iustificari.

## [Art. 6]

## De Lege.

Agnoscimus legem Dei, cuius epitome est Decalogus, praecipere optima, iustissima et perfectissima opera, et hominem non solum obligatum esse ad obediendum moralibus praeceptis Decalogi, verum etiam si faceret opera Decalogi, ea perfectione et integritate, quam lex exigit, vere coram Deo operibus suis iustum reputandum et meritis suis aeternam salutem consecuturum.

7 Ambrosius [= Ambrosiaster], In epist. ad Rom. cap III. v. 24. CSEL 81/1, 119, 22s.

8 Ambrosius [= Ambrosiaster], ebenda zu IV, 7 f. PL 17, Sp. 87, vgl. CSEL 81/1, 131, 28 – 132, 1 (mit Textlücke).

*Ambrosius.*

Sie seien on verdienst gerechtvertiget, dann sie seien gerechtvertiget allein durch den Glauben, auß Gottes gab on einich werck und widergeltung.

*Und abermals.*

Dise sind offenbarlich sälig, wölchen ir übelthat nachgelassen, und ir sünd bedeckt werden, on einich arbeit oder verdienst der werck, von denen auch kein ander werck der bůß erfordert würdt, dann allein das sie glauben.

Es mügen aber vil sprüch, beid auß der schrifft der Aposteln unnd Propheten, und auß den heiligen vättern angezogen werden, darauß man erweisen kan, das nit allein anfengklich uns dise tugendt, glaub, hoffnung, und liebe, auß lauter gnad von Gott geschenckt werden. Sonder das wir hernach unser lebenlang, ja fürnemlich in unser letsten not, vor dem strengen Richterstůl Gottes, nicht anders besteen mögen, dann allein, so wir uns verlassen, auff die lautter gnad Gottes, die uns in dem Son Gottis Jhesu Christo bewisen ist. Dann diß ists eben, das sanct Paulus leeret, und die scribenten der kirchen erklären, nämlich, das wir allein durch den glauben vor Gott gerechtvertiget werden.

[Art. 6]

## Von dem Gsatz.

Wir erkennen, das das Gsatz Gottis (wölches in dem Decalogo, oder zehen gebotten, als in einer summa kurtzlich begriffen würdt) gepiete und erfordere die bessten, gerechtigsten und volkommeste werck.

Und das der mensch nicht allein schuldig sei, die Moralia, oder sitliche gebott des decalogi zů halten. Sonder auch das er warlich von wegen seiner werck, vor Gott für gerecht geachtet, und durch sein verdienst, die ewig säligkeit erlangen wurde,

Sed quod nonnulli sentiunt, hominem posse in hac vita eo pervenire, ut non tantum impleat suis operibus Decalogum, verumetiam possit plura et maiora opera facere, quam in Decalogo praecepta sunt, quae vocant opera supererogationis, alienum est a Prophetica et Apostolica doctrina et pugnat cum sententia vere Catholicae Ecclesiae.

Decalogus enim non est ad hunc usum datus, ut significet, hominem posse praecepta eius in hac vita perfecte implere, sed ut ostendat homini suam imperfectionem, et ferat testimonium de iniustitia hominis, ac de ira Dei, adversus omnes homines, ac excitet eos ad quaerendam remissionem peccatorum, iustitiam et salutem in solo filio Dei, DOMINO nostro Iesu Christo, per fidem.

*Ad Romanos III* [, 20].

Per legem agnitio peccati.

*Et capite VII* [, 14].

Lex spiritualis est, ego autem carnalis, venditus sub peccatum.

*Et capite VIII* [, 7].

Affectus carnis inimicitia est adversus Deum. Nam legi Dei non subditur, siquidem ne potest quidem.

*Ad Galatas 3* [, 10].

Scriptum est: Maledictus omnis, quid non permanserit in omnibus, quae scripta sunt in libro legis, ut faciat ea.

*August. De spiritu et litera Cap. 36*[9].

Hoc primum praeceptum iustitiae, quo iubemur diligere DOMINUM ex toto corde, ex tota anima et tota mente, cui est de

9 Augustinus, De spir. et litera, cap. 36. CSEL 60, 225, 6-15.

so er die werck Decalogi, so gantz und volkommenlich, wie sie der Decalogus erfordert, außrichtet.

Das aber etlich vermeinen, der mensch möge hie in disem leben so ferr kommen, das er nicht allein den Decalogum, oder zehen gebott, mit seinen wercken erfülle, sonder mög auch mehr und grössere werck thůn, dann im Decalogo erfordert werden. Wölche sie nennen Opera supererogationis (das ist) solche werck, die der zehen gebott werck übertreffend, das reimet sich gar nicht mit der Propheten und Apostel leer, und ist wider die meinung der rechten Catholischen kirchen.

Dann die zehen gebott, sind nicht darzů gegeben, als solten sie anzeigen der mensch vermöge dieselben gebot, hie in disem leben, volkommenlich halten. Sonder das sie dem menschen, seine gebrechen zů erkennen geben, und bezeugen das der mensch ungerecht sei, und das Gottis zorn über alle menschen gehe, und wecken hiemit auff das er sůche verzeihung der sünd, gerechtigkeit und säligkeit, allein in dem Son gottes, unserm HERRN Jesu Christo, durch den glauben.

*Ro. iii.*

Durch das gesatz, kumpt die erkanntnuß der sünd.

*Und Cap. vii.*

Das gesatz ist geistlich, ich aber bin fleischlich, verkaufft under die sünde.

*Und Cap. viii.*

Fleischlich gesinnet sein, ist ein feindschafft wider Gott. Seitemal es dem gesatz Gottes nicht underthon ist, dann es vermag es auch nicht.

*Gala. iii.*

Es steet geschriben. Verflůcht sei jederman, der nicht beleibt in allem dem, des geschriben steet in dem bůch des gesatz, das ers thůe.

*Augustinus.*

Das ist das erst gebott der gerechtigkeit, darinn uns bevolhen würdt, den HERRN auß gantzem herzen, auß gantzer seel, und

proximo diligendo alterum consequens [vgl. Mt 22, 37. 39], in ILLA vita implebimus, ubi videbimus facie ad faciem [vgl. 1 Kor 13, 12]. Sed ideo nobis hoc etiam nunc praeceptum est, ut admoneremur, quid fide exposcere, quo spem praemittere et obliviscendo quae retro sunt, in quae anteriora nos extendere debeamus [vgl. Phil 3, 13]. Ac per hoc, quantum mihi videtur, in ea quae PERFICIENDA est iustitia, multum in hac vita ille proficit, qui, quam longe sit a perfectione iustitiae, proficiendo cognoscit.

*Et rurs*[us] *Aug. Hiero. epistola 29*[10].

Charitas est virtus, qua id, quod diligendum est, diligitur. Haec in aliis maior, in aliis minor, in aliis nulla est. Plenissima vero, quae iam non potest augeri, quamdiu hic homo vivit, est in NEMINE. Quamdiu autem augeri potest, profecto illud, quod minus est, quam debet, ex vitio est. Ex quo vitio non est iustus in terra, qui faciat bonum et non peccet. Ex quo vitio non iustificabitur in conspectu Dei omnis vivens [Ps 143, 2]. Propter quod vitium, si dixerimus, quia peccatum non habemus, nos ipsos fallimus et veritas in nobis non est [vgl. 1 Joh 1, 8]. Propter quod etiam, quantum libet profecerimus, necessarium est nobis dicere: Dimitte nobis debita nostra [Mt 6, 12], cum iam omnia in baptismo dicta, facta, cogitata, dimissa sunt.

*Et iter. Lib. 1. Retract. Cap. 19*[11].

Omnia mandata Dei facta deputantur, quando quicquid non fit, ignoscitur.

*Hieronymus.*

Haec hominibus sola perfectio est, si imperfectos se esse noverint[12].

Haec est hominis vera sapientia, imperfectum esse se nosse,

10 Augustinus, Ad Hier. epist. 26. CSEL 44, 602, 11 - 603, 6.
11 Augustinus, Lib. I. retract. cap. 19, 3.5. CChr SL 57, 57, 43 s.
12 Hieronymus, Epist. ad Ctesiphontem, 6. CSEL 56, 250, 20 s.

auß gantzem gemüt zů lieben, wölchem das ander, von der lieb des nächsten gleich nachvolget, und dises gebott werden wir in jhenem leben, darinn wir von angesicht zů angesicht sehen werden, erfullen. Jedoch wurdt es uns auch zů diser zeit aufferlegt, das wir darauß erinnert werden, was wir durch den glauben begeren, wohin wir unser hoffnung richten, und so wir vergessen, was hinder uns ist, auff was vorgeends, wir uns schicken sollen. Und hierauff würt derjhenig in disem leben, an der gerechtigkeit, die volnbracht werden soll, meins bedunckens, vil zůnemen, der da in seinem zůnemen erkennt, wie ferr er noch von der volkomnen gerechtigkeit sei.

*Und abermals.*

Die lieb ist ein tugent, mit wölcher man liebet was mann lieben soll, dise ist in etlichen grösser, in etlichen geringer, in etlichen keine. Sie ist aber in keinem menschen, so lang er hie auff erden lebet, so volkommen, das sie nicht mehr mög zůnemen. So lang sie aber mag zůnemen, so ist es gůt zů rechnen, das diß so geringer ist dann es sein soll, mangelhafftig sei. Von dises mangels wegen ist kein gerechter auff erden, der da gůts thůe, und nicht sündige. Von dises mangels wegen ist kein lebendiger vor dem angesicht Gottes gerecht. Von dises mangels wegen, so wir sagen das wir kein sünd haben, betrügen wir uns selbs, und ist die warheit nicht in uns. Von dises mangels wegen, ob wir wol sehr zůnemen, so müssen wir doch sprechen, vergibe uns unser schuld, wiewol uns jetzt, alle wort, werck, und gedancken, in dem Tauff vergeben sind.

*Und abermals.*

Alle gebott Gottis werdent für erfüllet geachtet, wann das, das nicht geschicht, verzigen wurdet.

*Hieronymus.*

Das ist allein der menschen volkommenheit, so sie sich unvolkommen erkennen.

Das ist des menschen rechte weißheit, so er sich unvolko-

atque (ut ita loquar) cunctorum in carne iustorum imperfecta perfectio est[13].

[Art. 7]

## De Bonis Operibus.

Docemus bona opera divinitus praecepta, necessario facienda esse et mereri gratuita Dei clementia sua quaedam, sive corporalia, sive spiritualia, praemia.

Non est autem sentiendum, quod iis bonis operibus, quae nos facimus, in iudicio Dei, ubi agitur de expiatione peccatorum et placatione divinae irae ac merito aeternae salutis, confidendum sit.

Omnia enim bona opera, quae nos facimus, sunt imperfecta, nec possunt severitatem divini iudicii ferre. Sed omnis fiducia nostra collocanda est in SOLA misericordia Dei, propter filium eius DOMINUM nostrum Iesum Christum.

*Psal.142* [, 2 Vulg.].

Non intres in iudicium cum servo tuo, quia non iustificabitur in conspectu tuo omnis vivens.

*Ad Galatas 5* [, 17 Erasmus].

Caro concupiscit adversus spiritum, spiritus autem adversus carnem. Haec autem inter se mutuo adversantur, ut non quaecunque volueritis, eadem faciatis.

*Ad Romanos 7* [, 18].

Novi quod non habitet in me, hoc est, in carne mea, bonum.

*Danielis 9* [, 18].

Non in iustificationibus nostris prosternimus preces ante faciem tuam, sed in miserationibus tuis multis.

13 Hieronymus, Dial. adv. Pelagianos I, cap. 15. CChr SL 80, 19, 51-53.

men erkennt, und aller menschen, hie im fleisch volkommenheit, ist also zů reden unvolkommen.

[Art. 7]

## Von den gůtten wercken.

Wir leeren das man soll und můß die gůte werck thůn, die Gott gebotten hat, das auch die selben gůten werck ire leiblich unnd geistlich belonung, auß lautter gnad Gots, verdienen.

Mann sols aber nit darfür halten, das man sich im gericht Gottis, da von der bůß der sünden, von der versönung des zorns Gottis, unnd von dem verdienst der ewigen säligkeit, gehandelt wurdt, auff dise gůte werck die wir thůn, verlassen soll.

Dann alle gůte werck, die wir thůn, seind unvolkommen, unnd mögen das streng urtheil Gottis, nicht erleiden. Sonder all unser vertrawen soll gesetzt werden, allein auff die barmhertzigkeit Gottis, von wegen seines sons unsers HERRN Jesu Christi.

*Psal. cxlii.*

Gehe nit ins Gericht, mit deinem knecht, dann für dir ist kein lebendiger gerecht.

*Gala. v.*

Das fleisch gelustet wider den Geist, und den Geist wider das fleisch, die selbig sind widereinander, das ir nicht thůt was ir wöllet.

*Ro. vii.*

Ich weiß das in mir, das ist, in meinem fleisch, nichts gůts wonet.

*Daniel. ix.*

Wir ligen vor dir mit unserm gebett, nicht auff unser gerechtigkeit, sonder auff deine grosse barmhertzigkeit.

*Augustin. Confess. lib. 9. cap. 13*[14].

Vae hominum vitae, quantumvis laudabili, si remota misericordia, discutias eam.

*Et rurs[us] In Manuali. cap. 22*[15].

Tota spes mea in morte Domini mei. Mors eius meritum meum est, refugium meum, salus, vita et resurrectio mea. Meritum meum miseratio DOMINI. Non sum meriti inops, quamdiu ille miserationum dominus non defuerit. Et si misericordiae DOMINI multae, multus ego sum in meritis.

*Grego*[rius] *Lib. 1. super Ezech. home*[lia] *7. in fine*[16].

Iustus ergo Advocatus noster, iustos nos defendet in iudicio, quia et nosmetipsos cognoscimus et accusamus iniustos. Non ergo in fletibus, non in actibus nostris, sed in advocati nostri allegatione confidamus.

*Bernhar*[dus] *In sermo*[ne] *1. de adnuncia. beatae Mariae*[17].

Gloria nostra haec est, testimonium conscientiae nostrae [2 Kor 1,12]. Non quidem tale testimonium, quale ille superbus Pharisaeus [vgl. Lk 18,9-14] habebat, seducta et seductrice cogitatione, testimonium perhibens de seipso et testimonium eius verum non erat; sed cum spiritus ipse testimonium perhibet spiritui nostro [vgl. Röm 8, 16]. Porro hoc testimonium in tribus consistere credo. Necesse enim est primo omnium credere, quod remissionem peccatorum habere non possis, nisi per indulgentiam Dei. Deinde, quod nihil prorsus habere queas boni operis, nisi et hoc dederit ipse. Postremo quod aeternam vitam nullis possis operibus promereri, nisi GRATIS detur et illa.

14 Augustinus, Conf. lib. 9 cap. 13, 34. CChr SL 27, 152, 10 s.

15 Pseudo-Augustinus, Manuale cap. 23. PL 40, Sp. 961.

16 Gregorius, Lib. I. super Ez., hom 7, in fine [24]. CChr SL 142, 100, 572-575.

17 Bernhard, Sermo I. de annunc. b. Mariae 1; Sancti Bernhardi Opera ed. Leclerq, H. Rochais, Vol V, Rom 1968, 13, 5-13.

*Augustinus.*

Wehe des menschen leben, es seie gleich wie löblich es wölle, wann du es hindan gesetzt die barmhertzigkeit urteilen wilt.

*Und abermals.*

All mein hoffnung steet auff dem todt meins HERRN. Sein todt ist mein verdienst, mein zůflůcht, mein heil, leben und urstendt[3], die barmhertzigkeit des HERRN ist mein verdienst, ich mangel keins verdiensts, so lang mich der HERR der erbärmbden[4] nit verlaßt, und so der barmhertzigkeit des HERREN vil seien, so ist auch meins verdiensts vil.

*Gregorius.*

Unser gerechter fürsprecher verthädingt uns, als gerecht vor dem gericht, dann wir erkennen und verklagen uns selb für ungerecht, darumb sollen wir nicht auff unser weinen, oder werck, sonder auff unsers fürsprechers verantwurtung vertrawen.

*Bernhardus.*

Die zeugnuß unsers gwissens, ist unser rhům, ja nicht ein solche zeugnuß, wie der hoffertig Phariseus gehabt, der in seinem gedancken verfüret gewesen, und sich selbs verfüret hat, der gabe von sich selbs zeugnuß, und sein zeugnuß war nit waar, sonder so der heilig Geist gibt unserm Geist zeugnuß. Ich halt aber das dise zeugnuß auf dreien stucken bestehe. Dann erstlich ist vor allen dingen nöttig zů glauben, das du nicht kündest haben die verzeihung der sünden, dann durch den ablaß Gottis, darnach das du gar kein gůt werck haben mögst, er gebe dann das selb, zům letsten, das du mit keinem werck, das ewig leben verdienen mögest, er gebe dann auch das selb umb sunst.

3 Auferstehung
4 Barmherzigkeit, Erbarmen

[Art. 8]

## De euangelio Christi.

Etsi in scriptis Euangelistarum et Apostolorum continentur multa praecepta divinae legis, et Christus ipse docet, non esse malum malo reddendum [vgl. Röm 12,17], nec mulierem impudice aspiciendam [vgl. Mt 5,28] et id genus alia, tamen non est sentiendum, quod Euangelion Christi sit nova Lex, qua, sicut olim patres in veteri Testamento, veteri lege salvati sunt, ita nunc homines in novo Testamento, nova lege salventur.

Nisi enim nomen legis generaliter pro doctrina accipias, quemadmodum Prophetae aliquoties nomine legis usi sunt, certe Euangelion Christi proprie non est lex, sicut Paulus legis nomine uti solet. Sed est bona et laeta adnunciatio de filio Dei, DOMINO nostro Iesu Christo, quod ipse solus sit expiator peccatorum nostrorum, placator irae Dei et redemptor ac servator noster.

Nec praecepta legis, quae continentur in scriptis Apostolicis, sunt nova lex, sed sunt veteris legis, iuxta sententiam Spiritus sancti, explicatio, quae et ipsa haud obscure antea in Propheticis scriptis extant. Repetuntur autem in praedicatione Euangelii Christi, ut ostensa divinae legis severitate et naturae nostrae corruptione ad quaerendum et amplectendum Christum, Euangelio suo revelatum, excitemur, et ut cognoscamus, ad quam regulam vita nostra ex fide in Christum sit dirigenda. Quare si proprie de lege Dei et Euangelio Christi loquendum est, sicut nec ex Christo faciendus est novus legislator, cum nec novam legem tulerit, nec novum politicum regnum in his terris instituerit, ita nec ex Euangelio facienda est nova lex, quae durioribus et severioribus praeceptis afferat factoribus aeter-

## [Art. 8]

# Von dem Euangelio Christi.

Wiewol in der Euangelisten und Apostel schrifft, vil gebott Göttlichs gesatzes begriffen seien, und Christus leeret selbs, man soll nicht böß mit bösem vergelten. Man soll kein weib unzüchtig ansehen, und der gleichen anders. Jedoch soll man nicht darfür halten, als ob das Euangelion Christi seie ein new gesatz, durch wölches die menschen im newen Testament sälig werden müssen, wie man vermeint, die vätter im alten Testament seien durchs alt gsatz selig worden.

Dann so man das wort (gsatz) nicht gmeinlich für ein leer versteet, wie die Propheten etlich mal dises wort gebrauchen, so ist gwißlich das Euangelion Christi, eigentlich darvon zů reden, nicht ein gsatz, wie Paulus das wort (gsatz) gebrauchet, sonder ist ein gůte fröliche bottschaft, von dem Son Gottis unserm HERRN Jesu Christo, das er allein der büsser unserer sünd, der versöner Gottes zorns, der erlöser und heilandt sei, so seind auch die gebott des gesatz, so in der Apostel schrifft begriffen, kein new gsatz, sonder sindt des alten gsatz, nach des heiligen Geists verstandt, außlegung. Und werden dise gebott zů vor auch außtruckenlich in der Propheten schrifft erfunden, sie werden aber in der predig des Euangelions wider erholet, das wir, nach dem uns der ernst göttlichs gsatz, und unsere verderbte natur angezeigt würdt, aufferweckt werden, den HERN Christum, der durch sein Euangelion geoffenbaret ist, zů sůchen und anzůnemen, das wir auch erlernen, nach wölcher Regel wir unser leben auß glauben in Christum richten sollen. Darumb wann man eigentlich von dem gsatz Gottes, und von dem Euangelio Christi reden will, so ist es gwiß, das gleich wie man auß Christo kein newen gsatzgeber machen soll, dieweil er kein new gsatz gegeben, hat auch kein new weltlich regiment auff der erden angericht, also soll man auch nicht auß dem Euangelio, ein new und ein sollich gsatz machen, das durch seine herte schwere gebott, denen die es

nam salutem. Sed pro certo habendum esse existimamus, quod una et eadem sit lex Naturalis seu Moralis veteris et novi Testamenti, et quod nec veteris, nec novi Testamenti hominibus contingat aeterna salus, propter merita operum legis, sed tantum propter meritum DOMINI nostri Iesu Christi, per fidem.

*Lucae 4* [, 18].

Recitat Christus ex Esaia officium suum, ad quod in hanc terram missus sit, Spiritus DOMINI inquiens, super me, eo quod unxit me, ad Euangelisandum pauperibus misit me, etc. Hic docet Christus, proprium suum officium esse, non ferre novam legem, quae terreat et occidat miseros peccatores, sed adnuntiare Euangelion, quod peccatores consoletur et vivificet.

*Ad Gala*[tas] *4* [, 4 s.].

Ubi venit plenitudo temporis, misit Deus filium suum, factum ex muliere, factum sub lege, ut eos, qui sub lege erant, redimeret, ut adoptione ius filiorum acciperemus.

*Acto*[rum] *15* [, 10 s.].

Quid tentatis Deum, ut imponatur iugum super cervices discipulorum, quod neque Patres nostri, neque nos portare potuimus? Sed per GRATIAM domini nostri Iesu Christi credimus nos salvos futuros, quemadmodum et illi.

*August. Contra Adimantium Manichaei discipulum cap. 3*[18].

Certis quibusdam umbris et figuris rerum, ante DOMINI adventum, secundum mirabilem et ordinatissimam distributionem temporum populus ille tenebatur, qui testamentum vetus accepit, tamen in eo tanta praedicatio et praenunciatio est novi testamenti, ut nulla in Euangelica atque Apostolica disciplina reperiantur, quamvis ardua et divina praecepta et promissa, quae illis etiam libris veteribus desint.

18 Augustinus, Contra Adim. Man. disc. cap. 3. CSEL 25/1, 123, 5-13.

halten, das ewig heil zůwegen bringe. Es ist aber gwißlich darfür zů halten, das, das natürlich, oder sitlich gsatz, beid im alten und newen Testament begriffen, nur einerlei gsatz sei, und das das ewig heil, keinem menschen, er seie gleich zůr zeit des alten, oder zůr zeit des newen Testaments, von wegen des verdiensts der werck des gsatz, sonder allein von wegen des verdiensts unsers HERRN Jhesu Christi, durch den glauben, gegeben werde.

*Luc. iiii.*

Christus prediget auß Esaia von seinem ampt, unnd wa zů er in dise welt gesant sei, unnd sagt, der Geist des HERRN ist über mir, darumb hat er mich gesalbet, und gesandt zů verkündigen das Euangelion den ellenden, zů verbinden die zerbrochen hertzen etc. Hie leeret Christus das sein eigentlich ampt sei, nicht ein new gsatz, das die ellenden Sünder erschrecke und tödte, zů geben, sonder zů predigen das Euangelion, das die Sünder tröste, und lebendig mache.

*Gala. iiii.*

Da die zeit erfüllet ward, sandte Gott seinen Son, geborn von einem weib, und under das gsatz gethon, auff das er die, so under dem gsatz waren, erlöset, das wir die kindtschafft entpfiengen.

*Acto. xv.*

Was versůchet ihr Gott, mit auflegen des jochs auff der Jünger hälse? Welches weder unsere vätter, noch wir, haben mügen ertragen, sonder wir glauben durch die gnad des HERRN Jhesu Christi sälig zů werden, gleicher weiß wie auch sie.

*Augustinus.*

Wiewol das volck, so das alt Testament empfangen hat, ist vor der zůkunfft des HERRN, mit etlichen sonderlichen abgemelden[5] unnd figuren auffenthalten worden, wie dann die zeit gantz wunderbarlich, und auff das ordenlichst außgeteilt

5 Abbildungen

## [Art. 9]

## De sacramentis.

Nomen Sacramenti, sicut et nomen Mysterii (quod interpretes sacramentum exponunt) latissime patet. Sed quia visum est quibusdam numerum sacramentorum in septem contrahere, percurremus singula, ut ostendamus, quid in doctrina quorundam scriptorum desideremus, et quid cum sententia vere Catholicae et Orthodoxae Ecclesiae pugnare videatur.

## [Art. 10]

## De baptismo.

Agnoscimus Baptismum tam infantibus quam adultis, in Ecclesia usque ad novissimum huius saeculi diem, in nomine Patris et filii et spiritus sancti, ex institutione Christi dispensandum et ipso utendum esse.

Credimus etiam et confitemur, quod Baptismus sit mare illud, in cuius profundum, sicut Propheta [Am Rand: *Mich. 7* [, 19]] ait, Deus proiiciat omnia peccata nostra et condonet ea propter Christum filium suum, per fidem.

Sed quod aliqui docent, peccatum remanens post Baptismum in homine, non esse natura sua vere peccatum[19], existima-

[19] Vgl. a Soto, Assertio S. 66 ff.; zusammenfassend S. 68: Credit catholica ecclesia, per baptismum … veraciter et plene omnium peccatorum remissionem ac ecclesia, per baptismum … veraciter et plene omnium peccatorum remissionem ac abolitionem fieri, non per fidem solum vel tradentis vel suscipientis … sed per ipsam virtutem sacramenti divinamque promissionem. Quod vero contentiosissime hodie adversarii ecclesiae contendunt, concupiscentiam, quae post baptismum manet, vere esse peccatum, manifestissimus est error, contra scripturam et patrum sensum.

worden ist. Jedoch, so ist im selben alten Testament, ein solche predig und verkündigung des newen Testaments, das in der Euangelischen und Apostolischen leer, nichts so treffenlich in Göttlichen gebotten und zůsagungen gefunden würdt, welchs nicht auch in den alten büchern begriffen sei.

[Art. 9]

## Von den Sacramenten.

Das wort (Sacrament) wie auch das wort (Mysterium) welches die interpretes für Sacrament vertolmetscht haben, greiffet weit umb sich. Dweil aber etlich nur sieben Sacrament zeelen, so wöllen wir dieselben nacheinander überlauffen[6], das wir anzeigen was wir an etlicher scribenten leer feel und mangel haben, und was der meinung der waren Catholischen und rechtgleubigen kirchen, zůwider sei.

[Art. 10]

## Von dem Tauff.

Wir erkennen, das auß stifftung Christi, der Tauf beid jungen kindern und den alten, in der kirchen, biß zů end der welt, im namen des Vatters, und des Sons, und des heiligen geists, mitgeteilt werde, unnd man sich desselben gebrauchen soll.

Wir glauben auch, und bekennen, das der Tauff sei das meer in welches tiefe, wie der Prophet sagt, der HERR alle unser sünde versencke, unnd vergebe sie von wegen seines Sons Christi, durch den glauben.

Das aber etlich leeren, die sünde so nach dem Tauff im menschen anhangendt bleibt, sei irer natur nach, nit warhafftig

[6] durchgehen

mus perniciosiorem esse errorem, quam vulgus hominum iudicat. Etsi enim non dubitamus, peccatum, quod post Baptismum remanet, credenti condonari propter Christum, et ex gratuita clementia Dei, non amplius coram tribunali Dei imputari, tamen si naturam eius expendas, vere est in se peccatum, propter quod, ut Augustinus supra dixit, non iustificatur in conspectu Dei omnis vivens, et non est iustus in terra, qui faciat bonum et non peccet.

*Ad Roma*[nos] *VII* [, 23].

Video aliam legem in membris meis, repugnantem legi mentis meae, et captivum reddentem me legi peccati, quae est in membris meis. Hic loquitur Paulus de peccato remanente post Baptismum et affirmat illud repugnare legi mentis suae, hoc est, affectui Spiritus sancti. Quod autem repugnat Spiritui sancto, certe re ipsa vere peccatum sit, necesse est. Nam haec est natura peccati, ut pugnet cum Spiritu sancto.

*Ad Gala*[tas] *5* [, 17].

Caro concupiscit adversus spiritum et spiritus adversus carnem. Haec enim inter se mutuo adversantur, ut non quaecunque volueritis, eadem faciatis. Hic iterum loquitur Paulus de peccato remanente post Baptismum et tribuit ei manifeste naturam peccati, videlicet, concupiscere adversus Spiritum et adversari Spiritui, ac impedire, ne perfecta iustitia in homine fiat. Quare peccatum post Baptismum remanens, natura sua vere est peccatum, etsi credenti non imputatur, sed propter Christum condonatur.

sünd, halten wir das es vil schedlicher geirret sei, denn der gmein man verstehet.

Dann wiewol wir nicht zweifeln, die sünde, so nach dem Tauff anhangendt bleibt, werde den glaubigen von Christi wegen verzigen, und für kein sünd mehr, vor dem richterstůl Gottis, auß gnädiger barmhertzigkeit Gottis gerechnet, jedoch, so man ir natur bewigt[7], so ist sie an ir selbs warhafftig sünd, von wölcher wegen, wie Augustinus da oben gesagt, kein lebendiger vor Gottes angesicht gerecht ist, und ist auch kein gerechter auff erden, der da gůts thůe, unnd nicht sündige.

*Ro. vii.*

Ich sihe ein ander gsatz in meinen glidern, das da widerstreittet dem gesatz in meinem gmüt, und nimpt mich gfangen in der sünde gsatz, welches ist in meinen glidern. Hie redet Paulus von der sünde, die nach dem Tauff dem menschen anhangendt bleibt, und sagt, das die selb sünde widerstrebe dem gesatz in seinem gmüt, das ist der meinung des heiligen geists. Was aber dem heiligen Geist widerstrebet, da můß man warlich bekennen, das es an im selbs sünde sei. Dann das ist die natur der sünden, das sie dem heiligen Geist widerstrebe.

*Gala. v.*

Das fleisch gelustet wider den Geist, und den Geist wider das fleisch, die selbig sind widereinander, das ir nicht thůt was ir wöllen.

Da redet abermals Paulus von der sünd, die nach dem Tauff anhangendt bleibt, und legt ir offenbarlich zů, die natur der sünd. Nemlich, glusten wider den Geiste, auch dem geist widerstreben, und verhindern das der mensch nicht volkommene gerechtigkeit volnbringen möge. Darumb volget herauß, das die sünd, so nach der Tauff anhangendt bleibt, sei irer natur nach zů rechnen, warhafftig sünd, wiewol sie dem glaubigen nicht zůgerechnet, sonder von Christi wegen vergeben würdt.

7 erwägt

*August. De nupt. et concu. ad Valer. lib. 1. cap. 25*[20].

Respondetur, dimitti concupiscentiam carnis in Baptismo, non ut non sit, sed ut in peccatum non imputetur. Quamvis autem reatu suo iam soluto, manet tamen, donec sanetur omnis infirmitas nostra etc.

*Et ite*[rum]: *De baptismo parvulorum et de cons. dist. 4. cap. per baptismum*[21].

Per Baptismum id agitur, ut caro peccati evacuetur. Non autem sic evacuatur, ut in carne concupiscentia innata non sit, sed ne obsit.

Deinde docemus eum, qui baptisatur in nomine Patris et Filii et Spiritus sancti, ungi spirituali chrismate, hoc est, fieri membrum Christi per fidem et donari Spiritu sancto, ut ad percipienda coelestia aures mentis eius aperiantur et oculi cordis illustrentur.

Ac manifestum quidem est, quod usus externi chrismatis fuerit in Politeia Mosaica legitimus, et quod externum chrisma sit etiam in ecclesia, post divulgatum Euangelion, usitatum.

Sed manifestum etiam est, quod in lege Mosi fuerit tempus umbrarum; nunc autem revelato Christo, sit tempus veritatis.

Et usus externi chrismatis pertinet ad elementa mundi. De abrogatione autem horum elementorum dicit Paulus:

*Ad Coloss. II* [, 20].

Si mortui estis cum Christo ab elementis mundi, quid adhuc, tanquam viventes in mundo, his decretis tenemini?

20 Augustinus, De nupt. et concup. ad Val. lib. I, cap. 25. CSEL 42, 240, 16-20.

21 Decretum dis. IV c. II, de cons. (Friedberg I, Sp. 1361 s.) Original lautet das Zitat (Augustinus, De peccatorum meritis et remissione 1 cap. 39. CSEL 60, 70, 7-11): In parvulis agitur, ut evacuetur caro peccati. Evacuatur autem, non ut in ipsa vivente carne concupiscentia conspersa et innata repente absumatur et non sit; sed ne obsit mortuo, quae inerat nato.

*Augustinus.*

Der lust des fleisch würt im Tauff verzigen, nicht das er nicht sei, sonder das er nicht zů̊r sünd gerechnet würt, wiewol nun ihr schuld bezalet ist, so bleibt sie doch so lang, biß all unser gebrechen geheilet würdt.

*Und abermals.*

Durch die Tauff würt das außgericht, das das süntlich fleisch werde außgefeget, es würdt aber nicht also außgefeget, das der lust, so dem fleisch ist angeborn, nicht mehr sei, sonder das er nicht mehr schädlich sei.

Darnach leeren wir, das der so getaufft würdt im namen des vatters und des Sons, und des heiligen geists, werde gesalbt, mit dem geistlichem Chrisem[8] (das ist) er werde ein glid Christi durch den glauben, und werde begabt mit dem heiligen geist, das die oren seins gmüts auffgethon, und die augen seins hertzens erleuchtet werden, die himmelischen güter zů̊ fassen.

Und ist wol offenbar das der gebrauch des eusserlichen Chrisems, sei in der pollicei Mosi, ein göttliche rechtmessige ordnung gewesen, das auch der selb gebrauch, nach dem das Euangelion allenthalben außgebreitet, in der kirchen gehalten worden ist.

Es ist aber herwiderumb auch offenbar, das man zů̊r zeit des gsatz Mosi, mit abgemälden und figuren umbgangen sei, jetzů̊nd aber nach dem Christus geoffenbaret, seien die figuren warhafftig erfüllet, und ist das abgemäld volkommenlich herauß gestrichen.

So gehöret auch der gebrauch des eusserlichen Chrisems, zů̊ den Elementen diser welt, von denen Paulus schreibt, das sie abgethon seien.

*Colos. ii.*

So ir abgestorben seind mit Christo den Elementen der welt, was laßt ir euch denn fangen mit satzů̊ngen, als lebet ir noch in der welt?

8 Das bei der Taufe gebrauchte Salböl.

Et Dionysius, quem Areopagitam vocant [am Rand: *In Coelest. Hierarch. de Baptis.*], et quem putant descripsisse ritus Ecclesiae ab Apostolis traditos, significat quidem externum chrisma fuisse in Ecclesia usitatum, sed significat[22] etiam haud obscure, hunc ritum partim ab athleticis unctionibus Ethnicorum, partim ex lege Mosaica sumptum esse. Qua vero autoritate et utilitate petantur exempla colendi Dei et administrandi Sacramenta, ab Ethnicis, testatur dictum illud Mosi.

*Deuter. 12* [, 30 s.].

Cave ne imiteris gentes et requiras caeremonias earum, dicens: Sicut coluerunt gentes istae deos suos, ita et ego colam. Non facietis similiter DOMINO Deo vestro.

*Et illud dictum Christi Matth.15* [, 9].

Frustra colunt me, docentes doctrinas, praecepta hominum.

Et non est obscurum, quod caeremoniae Mosaicae, quarum una pars est externi chrismatis usus, pertineant ad elementa huius mundi, quorum decretis Paulus supra dixit nos non teneri et de quibus alias dicit: Posteaquam cognovistis Deum, quin potius cogniti estis a Deo, quomodo convertemini denuo ad infirma et egena elementa, quibus iterum ab integro servire vultis? [Gal 4, 9]

Praeterea, quomodo confectio seu ritus externi chrismatis, ab Apostolis ipsis traditus esse, ut Fabianus[23] scribit, vere affirmari posset, cum Acta Conciliorum[24] testentur, hunc ritum institutum esse a Sylvestro?[25]

Et Ecclesiastica historia tradit, non fuisse propositum Apostolorum, ut conderent leges de diebus festis, sed ut docerent

22 Dionysius Areopagita, Hier. eccl. cap. 2, 8. PG 3, Sp. 403.

23 Pseudo-Fabianus, Ep. II ad omnes orientales episcopos, Decretum D. 3 c. 18 de cons. (Friedberg I, Sp. 1357); vgl. Decretales Pseud-Isidorianae et Capitula Angilramni, rec. P. Hinschius, 1862, S. 160.

24 Nicht bei Petrus Crabbe O. M. (Ed.), Concilia omnia tam generalia quam particularia ab apost. temp. celebrata. Köln 1538.

25 Papst Silvester I. (314-335).

Ja auch Dionysius, den sie Areopagitam nennen, und halten darfür, er habe die gebreuch der kirchen wie sie die Apostel sollen angericht haben, beschriben, Zeigt wol an das der eusserlich Chrisem in der kirchen breuchlich gewesen sei, er zeigt aber auch klärlich darneben an, das diser gebrauch entlehent sei, zům teil von dem salben der Heidnischen kempffer, zům teil von dem gsatz Mosi. Aber wie ansehenlich und nutzlich es sei, das man lerne von dem exempel der heiden Gott zů dienen, und die Sacrament zůreichen, bezeugt der spruch Mosi.

*Deut. xii.*

Hüte dich das du nicht fragest nach der Heiden göttern, und sprechest, wie dise völcker haben iren göttern gedienet, also will ich auch thůn, du solt nicht also an dem HERN deinem Gott thůn.

*Und der spruch Christi Math. xv.*

Sie dienen mir vergeblich, weil sie leeren solche leer, die nichts denn menschen gebott sind.

Es ist auch unverborgen, das die kirchengebreuch im gsatz Mosi (darunder dann der gebrauch des eusserlichen Chrisems auch gehöret) seien zů rechnen under die Element dieser welt, von wölchen Paulus da oben gsagt hat, das wir irer satzůngen nicht verpflicht seien, von wölchen er auch sunst schreibt. Nach dem ir Gott erkennt haben, ja vil mer von Gott erkendt seidt, wie wendet ir euch denn umb wider zů den schwachen und dürfftigen Elementen, wölchen ir von newem an dienen wölt?

Zů dem wie kan man für gewiß außgeben, das die Apostel gelert haben, den eusserlichen Chrisem zů machen und zů gebrauchen, wie Fabianus schreibt, so doch die Acta Conciliorum bezeugen, das sollichs von Silvestro angericht worden sei, und der kirchen histori bezeugt, das der Apostel fürnemen, nicht gewesen sei, gesatz zů machen, von den Feirtagen, sonder zů lernen, wie man ein recht Göttlich leben unnd wandel füren solt, vil weniger ist ir fürnemen gewesen, eusserlich sal-

rectam conversationem et veram pietatem, quanto minus propositum eorum fuit, externas unctiones in Ecclesia instituere et umbras in exortum clarissimi solis splendorem inducere.

Accesserunt baptismo etiam aliae quaedam Caeremoniae, salis, luti, vestium, sed quia hae non iudicantur necessariae, etiam ab iis ipsis, apud quos sunt usitatae, et sunt aliqua ex parte otiosa, eorum rituum, quibus Christus aliquoties in aedendis miraculis usus est, imitatio, non est cur de ipsis aliquam curam, in occupatione tot necessariarum rerum suscipiamus.

## [Art. 11]

## De confirmatione.

Non est nobis dubium, quin Apostoli initio revelati et confirmati in die Pentecostes Euangelii, contulerint impositione manuum admirandum donum Spiritus sancti credentibus in Christum, ut variis linguis loquerentur.

Et sentimus utilissimum esse, ut pueri et adolescentes a pastoribus Ecclesiae suae, in Catechismo examinentur, et siquidem pie ac recte fuerint eruditi, approbentur, si vero prave, emendentur.

Sed ex personali et temporali facto Apostolorum, non est absque certo mandato Dei, generale et perpetuum sacramentum in ecclesia statuendum. Et horribile auditu est, quod Sacramentum Confirmationis, quale Episcopi suffraganei solent pueris impertiri, excellat dignitate sua sacramentum Baptismi. Sic enim nonnulli de Sacramento Confirmationis scribere non verentur. Sicut unum, inquiunt, a maioribus fit, id est, a summis pontificibus, quod a minoribus perfici non potest, ita et maiori veneratione venerandum et tenendum est. [Am Rand: *In decretali epistola Melciadis to. 1 in actis concil.*][26].

[26] Melchiades Papa Hispaniorum episcopis. Decretum D. v, c. 3 de cons. (Friedberg I, Sp. 1413; Hinschius S. 245).

ben in der kirchen anzůrichten, und das hell klar scheinend liecht der Sonnen mit finsternuß zů vertunckelen.

Man hat zů dem Chrisom im tauf, auch andere stuck gebraucht, nämlich saltz, kaat[9], kleider, dweil aber dise stuck, auch von denen, so sich deren gebrauchen, für unnöttig gehalten, und seien zům teil vergebne nachfolg deren Ceremonien, so Christus etwan in seinen wunderwercken, gebraucht hat. So ist es on noth, nach dem wir nöttigers zů schaffen, das wir uns von derselben wegen bekümmern.

### [Art. 11]

## Von der Firmung.

Es ist kein zweifel, das die Apostel haben anfencklich, da das Euangelion am Pfingstag eröffnet und bestätiget ward, den gläubigen in Christum die wunderbarlich gab des heiligen Geists, mit mancherlei sprach zů reden, durch auffleguug der hende mitgetheilt.

Wir haltens auch für seer nutzlich, das die Pfarhern, die jugent irer Pfarr kinder in Catechismo verhören, unnd so sie recht underricht, gelobt, so sie aber unrecht underricht, gebessert werden. Man soll aber auß der handlung, so allein der person der Aposteln, ein zeit lang zů üben bevolhen, kein gmein, allzeit werend Sacrament, on sonderlichen gewisen bevelch Gottes, in der kirchen auffrichten.

Und ist erschrockenlich zů hören, das, das Sacrament der firmung, wölcher gstalt es die Weichbischoff gegen den Kindern gebrauchen, soll in seinem werdt das Sacrament des Tauffs übertreffen. Dann also dörffen etlich hievon unverschembt schreiben und sagen. Gleich wie das ein von den höhern (das ist) von den öbersten Bischoffen geschicht, wölches von den geringern nicht mag volnbracht werden, also soll

9 Kot, Lehm

Apostolis enim divinitus concessum fuit, ut impositione manuum conferrent credentibus in Christum dona Spiritus sancti. Hoc autem non est proprie intelligendum de privatis illis Spiritus sancti donis, quae unicuivis ad salutem necessaria sunt. Haec enim accipiunt credentes per praedicationem Euangelii et per Baptismum, sed intelligendum est de publicis donis Spiritus sancti, videlicet, loqui variis linguis et alia quae tum ad publicam confirmationem Euangelii de Christo necessaria erant.

Postquam igitur autoritas Euangelii talibus miraculis satis confirmata est, sicut desiit admirandum illud donum linguarum, ita et ritus imponendae manus, quo donum illud conferebatur, factus est, quod quidem ad hanc rem attinet, otiosus. Alioqui faciendum erit generale sacramentum Ecclesiae ex umbra, et obumbrandi sunt aegroti, propterea quod multi consecuti sint sanitatem per umbram Petri [vgl. Act 5, 15].

Similiter faciendum erit generale sacramentum ex impositione sudariorum, propterea quod aliqui liberati sunt a morbis suis, cum ipsis imponerentur sudaria Pauli [Act 19, 12]. Et incumbendum erit super mortuos, quod Paulus in cubitu suscitavit adolescentem a morte [Act 20, 10].

Et tamen non est pastoribus Ecclesiarum permittendum, ut nullam habeant rationem erudiendae pueritae ac iuventutis in vere pia doctrina. Sed exigendum est ab eis, ut catechismum diligentissime doceant.

dasselb mit grösserer ehrerbietung angenommen und gehalten werden.

Dann die Apostel waren von himmel herab hiemit begabet, das sie den glaubigen in Christum, die gaben des heiligen Geists durch aufflegung der henden mitteilen solten. Das ist aber nicht eigentlich zů versteen, von den sonderlichen gaben des heiligen geists, die einem jetlichen menschen zůr seligkeit nötig seien. Dann die gläubigen entpfahen solche gaben, durch die predig des heiligen Euangelions, und durch den Tauff.

Sonder es ist zů versteen von den offenlichen gaben des heiligen Geists, nämlich mancherlei sprach reden, und andere der gleichen, so dazůmal zůr offentlichen bestätigung des Euangelions von Christo nötig waren.

Nach dem nun das ansehen des Euangelions, mit solchen wunderwercken gnůgsam bestetiget ist, gleich wie die wunderbarlich gab mancherlei sprach zů reden abgangen ist. Also ist auch nun mehr, sovil dise sach belangt, die weise die hende auffzůlegen, dardurch die wunderbarlich gab mitgeteilt warde, unnutz und nichtig worden.

Dann wo es also gelten solt, so můst man auch ein gmein Sacrament der Kirchen, auß dem schatten machen, und die krancken überschatten, dweil vil krancken die gsundheit durch den schatten Petri empfangen haben.

Man müste auch ein gmein Sacrament machen, auß dem aufflegen der schweißtücher, dweil etlich von irer kranckheit erlediget[10] worden sein, da man inen die schweißtüchlin Pauli aufgelegt hat. So müste man sich auch auff die todten außbreiten, nach dem Paulus ein jüngling von todten aufferweckt hat, da er sich über in außbreitet.

Jedoch soll den Pfarherrn, nicht gestattet werden, das sie versömlich[11] seien, die jugendt in rechter Christlicher lehr zů underrichten, sonder man soll inen ernstlich aufferlegen, das sie den Catechismum auff das fleissigst leeren.

10 los
11 säumig

## [Art. 12]

## De poenitentia.

Cum semper nobis agnoscenda sint peccata nostra et credendum, quod remittantur nobis peccata propter Christum, sentimus semper etiam in hac vita nobis agendam esse poenitentiam.

Sed poenitentiam alii aliter explicant. Vulgo enumerantur tres partes poenitentiae: Contritio, Confessio, Satisfactio. Has partes singulatim ac breviter percurremus, ut exponamus, quid nobis in hac doctrina de poenitentia vere Catholicum et Apostolicum videatur.

### [I.] De contritione.

Contritionem vocamus sensum divinae irae, seu dolorem aut pavorem animi, ex agnitione magnitudinis peccatorum et gravitatis irae Dei ortum. Talem contritionem arbitramur quidem necessariam esse in vera poenitentia, quam contritionem arbitramur quidem necessariam esse in vera poenitentia, quam contritionem lex Dei in homine excitare solet, sed docere eam mereri remissionem peccatorum et esse expiationem peccatorum coram Deo, existimamus ab apostolica doctrina alienum esse. [Am Rand: *De poenit. dist. 1. cap. cum ergo*[27] *Gabri. in 4. senten. dis. 14. qu. 8.*[28] *conclu. 5.*] Deus enim non despicit quidem cor contritum et humiliatum, sicut Psalmus [Ps 50, 19 Vulg.] loquitur, sed idcirco non despicit, quia filius Dei dominus noster Iesus Christus suscepit cor contritum et humiliatum, cuius solius contritione et humiliatione peccata nostra coram Deo expiata sunt et placata est ira Dei. Huius placationis nos

27 In de poenit. dist. 1 des Decretum Gratiani gibt es kein Kapitel mit diesem Anfang. Vgl. aber cap 87 § 14. Friedberg I, Sp. 1187.

28 Quaestio 8 gibt es nicht. Wahrscheinlich ist Quaestio 2, conclusio 5 gemeint. Vgl. Gabriel Biel, Collectorium circa quattuor libros sententiarum 4, 1, Tübingen 1975, 467, 47-50.

## [Art. 12]

# Von der Bůß.

Nach dem wir allweg unser sünd erkennen unnd glauben sollen, das die sünd uns durch Christum vergeben werden, so halten wir auch, das wir in disem leben, allweg bůß thůn sollen.

Aber die Bůß deutet einer vil anderst, denn der ander. Mann zeelet gemeinlich drei stuck der Bůß, nämlich die Rewe, die Beicht, unnd die gnůgthuung. Hierauff wöllen wir dise drey stuck, ein jetlichs in sonderheit kurtzlich überlauffen[12], das wir anzeigen, was uns in der leer von der Bůß für recht Catholisch und Apostolisch ansihet.

**[1.] Von der Rew.**

Das nenen wir die Rewe, so man entpfindet den zorn Gottis, oder überkompt ein hertzlichen schmertzen und schrecken, auß der erkanntnuß der grösse der sünden, und der schwere des zorn Gottis, solche Rew halten wir, das sie zů rechter waren bůß nötig sei, welche Rew im menschen durch Gottes gsatz erwecket würdt.

Wir achten aber das es sich mit der Apostel leer nicht reimpt, so man leeret dise Rew verdiene vergebung der sünden vor Gott, und sei ein bůß der sünden.

Dann Gott verschmehet wol nicht ein geengstes[13] und zerschlagen hertz, wie der Psalm sagt, die ursach aber, warumb er es nicht verschmehet, ist dise, das der Son Gottes unnser HERR Jesus Christus ein geengstes und zerschlagen hertz an sich genomen hat, durch wölches einig angst und schmertzen[14], unser sünde vor Gott gebüßt, und der zorn Gottes versönet ist. Wir werden aber diser versönung teilhafftig, so wir, nach dem unser hertz geengstiget und zerschlagen ist, glauben

[12] durchgehen
[13] geängstigtes
[14] durch welches Angst und Schmerzen allein

participes efficimur, cum contrito et humiliato corde credimus, solum Iesum Christum esse propitiatorem nostrum apud patrem coelestem.

*Esaiae 53* [, 5].

Ipse vulneratus est propter iniquitates nostras, attritus est propter scelera nostra. Disciplina pacis nostrae super eum et livore eius sanati sumus.

*1. Iohan. 2* [, 2].

Ipse est propitiatio pro peccatis nostris.

*Acto*[rum] *10* [, 43].

Huic omnes Prophetae testimonium perhibent, remissionem peccatorum accipere per nomen eius, omnes qui credunt in eum.

Et testantur exempla Cain, Esau, Saulis, Iudae Ischariotis et aliorum, quod contritio non sit meritum remissionis peccatorum. Hi enim etsi tantam habuerunt contritionem, ut tolerabilius ipsis visum fuerit, vitam sibi aut laqueis, aut gladiis abrumpere, quam horribiles illos dolores perferre, tamen non sunt remissionem peccatorum consecuti.

*Gloss. de poenit. dist. 1. cap. 1*[29].

Si subtiliter intueamur, gratiae Dei, non contritioni, attribuenda est peccatorum remissio.

Quare fatemur, Contritionem ad agendam veram poenitentiam necessariam quidem esse, non autem in hunc usum, ut sit meritum seu expiatio peccatorum coram Deo, sed ut homo agnita magnitudine peccatorum et gravitate irae dei, detestetur peccata et excitetur ad quaerendam remissionem pecca-

29 Glosse zu Decretum D. 1 c. 1 de poen. (Glosse nicht bei Friedberg). Decretum Gratiani [C. 33, q. 3 p. 1 Glosse »Sunt«], ed. Lugdun. 1560, Sp. 1631: »Si tamen subtiliter intueamur, gratiae Dei, non contritioni est attribuenda remissio peccatorum ...«

das allein Jhesus Christus unser versöner vor dem himmelischen vatter sei.

*Esai. liii.*

Er ist umb unser missethat willen verwundet, und umb unser sünd willen zerschlagen, die straff ligt auff im, auff das wir frid hetten, und durch sein wunden sind wir geheilet.

*i. Joannis. ii.*

Er ist die versönung für unsere sünd.

*Acto. x.*

Von disem zeugen alle Propheten, das durch seinen namen, alle die an in glauben, vergebung der sünden entpfahen sollen.

So bezeugen auch die Exempel Cain, Esau, Sauls, Jude Ischariot und der anderen, das die Rew, kein verdienst der verzeihung der sünden sei. Dann wiewol die obbemelten, so grosse Rew gehabt, das sie für leidenlicher angesehen hat, sich mit dem strick oder schwert, umb ir leben zů bringen, dann dise grausame schmerzen zů tragen, jedoch haben sie die verzeihung der sünden nicht erlangt.

*Glo. de Penit. Dist. i. C. i.*

Wann wirs subtil bedencken, so soll man die verzeihung der sünden, nicht der Rewe, sonder der gnad Gottis zůgeben. Darumb bekennen wir, die Rewe sei wol nöttig so man rechte warhafftige bůß thůn wil, sie ist aber nicht diser ursach halben nöttig, das sie sei ein verdienst oder Bůß der sünden vor Gott, sonder das der mensch nach dem er die grösse der sünd, und die schwere des zorn Gottes erkennet, die sünde verflůche, und aufferweckt werde die verzeihung der sünden, und die säligkeit, allein an der lautter gnad und barmhertzigkeit Gottis, allein von wegen Jhesu Christi unsers HERRN, durch den glauben zů sůchen.

torum ac salutem, in sola gratuita clementia et misericordia Dei, propter solum Iesum Christum DOMINUM nostrum, per fidem.

### [2.] De confessione.

Confessionem vocant enumerationem peccatorum coram sacerdote. Talis igitur confessio, qualis hactenus fuit usitata, sicut non est divinitus praecepta; ita manifestum est, quod vetus Ecclesia non exegerit eam tanta severitate, perinde ac si ad consequendam aeternam salutem necessaria esset.

Ac dubium quidem non est, quin debeamus nos coram Deo peccatores agnoscere et Deo peccata nostra confiteri, sed ea coram homine (nisi si quid in ipsum peccaverimus, et veritas legitima ac divina vocatione dicenda fuerit) enumerare liberum esse concedunt, etiam veterum Ecclesiasticorum scripta.

*Chrysosto. in cap. 12. ad Hebr. homel. 31*[30].

Non dico tibi, ut te prodas in publicum, neque ut te apud alios accuses, sed obedire te volo Prophetae dicenti: Revela DOMINO viam tuam [Ps 36, 5].

*Et iterum in psal. Miserere*[31].

Si confundaris alicui dicere, quia peccasti, dicito ea quotidie in anima tua. Non dico ut confitaris conservo tuo, ut exprobret, dicito Deo, qui ea curat. Etsi autem haec Chrysostomi verba [am Rand: *De poenit. dist. 1. cap. quis aliquando iis authoritatibus*[32]] solent exponi de peccatis, quae antea sacerdoti confessa sunt, tamen haec expositio est manifesta depravatio sententiae Chrysostomi. Et testatur Ecclesiastica historia[33] perspicue,

30 Chrysostomus, In Hebr. XII. hom. 31. PG 63, Sp. 214 = Decretum D. I. c. 87, de poen. (Friedberg I, Sp. 1184).

31 Pseudo-Chrysostomus, In psalmum miserere. Opera omnia,« Bd. III, Frankfurt a. M. 1698, S. 871.

32 Friedberg I, Sp. 1184, De poen. dist. 1 can. quis aliquando = 87.

33 Cassiodorus, Hist. tripartita, IX, 35. CSEL 71, 553 s. – Die Apologie der Confession verweist auf Socrates V, 19 u. Sozomenos VII, 16.

**[2.] Von der Beicht.**

Das heissen sie die Beicht, so man vor dem Priester die sünde erzeelet.

Gleich wie nun sollich beicht, wie sie bißanher im brauch gewesen, von Gott nicht gebotten ist, Also ist es offenwar, das die alt kirch sie nicht mit solchem ernst erfordert habe, als solt sie zů erlangen die ewig säligkeit nötig sein.

Und ist da kein zweifel, das wir uns vor Gott als sünder erkennen, und Gott unsere sünd beichten sollen, Aber es geben auch die alten scribenten der kirchen, den leuten dise freyheit, das sie ire sünde, vor einem menschen erzeelen mögen oder nicht. Es were dann sach, das wir wider einen menschen gesündiget hetten, unnd auß ordenlichem göttlichem berůff, die warheit sagen müßten.

*Chrysostomus.*

Ich erfordere nicht von dir, das du dich selbst offenlich verradtest, noch dich bei andern verklagest, sonder ich will das du gehorsam seiest, dem Propheten der da sagt: Eröffne dem HERRN dein[en] weg.

*Und abermals.*

Wann du dich schämest einem andern zů sagen das du gesündiget hast, so beicht dein sünd täglich in deinem hertzen. Ich erfordere nicht, das du deinen mitknecht, der sie dir auffrupfen[15] möcht, beichtest, sonder beichte sie Gott, der sie auch heilet.

Wiewol man nun dise wort Chrysostomi deuttet auff die sünde, so man vorhin dem Priester gebeichtet hat, So ist es doch offenwar das die meinung Chrysostomi, durch dises deuten verfälscht wurdt, und bezeugt der kirchen histori klerlich, das der gebrauch den priestern zů beichten, sei in der kirchen zů Constantinoppel abgethon worden.

15 vorhalten

morem confitendi sacerdotibus abrogatum fuisse in Ecclesia Constantinopolitana.

*August. Lib. 10. Confess. cap. 3*[34].

Quid mihi est cum hominibus, ut audiant confessiones meas, quasi ipsi sanaturi sint omnes languores meos? Curiosum genus ad cognoscendam alienam vitam, desidiosum ad corrigendam suam.

*Ambros. super Luc. De poenit. dist. 1. cap. Petrus*[35].

Petrus doluit et flevit, quia erravit ut homo. Non invenio quid dixerit, scio quod flevit, lachrymas eius lego, satisfactionem non lego.

Etsi autem sentimus, enumerationem peccatorum coram sacerdote non esse necessariam ad salutem, nec esse aliquod meritum remissionis peccatorum, tamen damus operam, ut generalis confessio peccatorum, quantum fieri potest et licet, in ecclesiis nostris conservetur, idque duabus de causis. Una est, ut hoc privato colloquio rudiores de rebus necessariis admoneantur et erudiantur. Altera, ut hac occasione privatim audiatur Euangelion Christi de remissione peccatorum. Quod Euangelion est vera clavis regni coelorum et absolutio a peccatis, et ut per auditum Euangelii seu absolutionis fides vel concipiatur vel confirmetur.

In agenda enim vera poenitentia nihil certius, nihil firmius iudicamus, quam quod omnino necessaria sit FIDES, videlicet, ut, quod Euangelion Christi adnuntiat, credamus nobis certo remitti et condonari peccata gratis, propter solum Iesum Christum DOMINUM nostrum.

Non ignoramus quidem, quod si opera nostra respicimus, non tantum nobis dubitandum, verum etiam de salute nostra

34 Augustinus, Conf. lib. X, c. 3. CChr SL 27, 156, 1-4.

35 Ambrosius, Super Luc. de poen. dist. cap. Petrus. Expos. in Luc. lib. X, 88. CChr SL 14, 371, 845 s. = Decretum D. I c. 1, de poen. (Friedberg I, Sp. 1159).

*Augustinus.*

Was frag ich nach den leuten, das sie mein beicht hören solten, als ob sie mein gebrechen, heilen wurden? Es ist ein fürwitzige art, anderer leben zů erstüren[16], aber faul das ir zů bessern.

*Ambrosius.*

Petrus hat getrauret, und geweinet, dann er hat als ein mensch geirret. Ich finde nicht was er gsagt hab, ich weiß wol das er geweinet hat, von seinen zähern[17] lise ich, aber von seinem gnůgthůn, lise ich nicht.

Wiewol wir nun halten, das die sünd vor dem Priester zů erzeelen, seie zůr säligkeit nicht nötig, seie auch kein verdienst, der verzeihung der sünden. Jedoch keeren wir fleiß an, das die gmein beicht, so vil müglich und gepürlich, in unsern kirchen erhalten werden, fürnemlich auß zweien ursachen, die eine ist, das die einfeltigen in disem sondern[18] gesprech, erinnert und bericht werden, was inen zů irer säligkeit notwendig ist, die ander das hiemit die leut verursacht werden, das Euangelion Christi von der verzeihung der sünden, in sonderheit zů hören. Dann diß Euangelion ist der recht Schlissel des Himmelreichs, und die Absolution von den sünden. Das demnach der glaub durch das gehör des Euangelions, oder Absolution, erlangt oder versichert werde.

Dann so man rechte ware bůß thůn will, achten wir das nichts gwissers, und warhafftigers sei, dann das man den glauben haben můß, nämlich das man glaube, wie das Euangelion Christi verkündiget, die sünde werde uns gwißlich und umb sunst, allein von wegen unsers HERRN Jesu Christi, verzigen und vergeben.

Wir wissen wol, Wann wir unsere werck wöllen ansehen, das wir an unserer säligkeit nicht allein zweiflen, sonder auch verzweifeln, nach dem unsere werck, sie scheinen wie gůt sie

16 Schwäbisch: durchstöbern = mittelhochdeutsch: investigare.

17 Zähren, Tränen.

18 besonderen

desperandum sit, quippe quod nostra opera, quantumvis bona videantur, non possint coram severo tribunali Dei consistere.

Nec obscurum nobis est, quod carni nostrae, in hac corporali vita, semper adhaereat dubitatio de misericordia et clementia Dei.

Sed cum Deus promittit nobis gratuitam suam clementiam, propter Christum filium suum, et exigit, ut Euangelio filii sui obedienter credamus, exigit etiam eo ipso, ut dubitationem carnis nostrae mortificemus, ac certissimam de misericordia sua fiduciam concipiamus, ne nos promissionem eius tanti mendacii accusemus, quantam dubitationem de ea habeamus.

Et ut possimus certa fiduciam concipere, collocavit salutem nostram non in meritis nostrae iustitiae, quae est imperfecta, sed tantum in meritis filii sui DOMINI nostri Iesu Christi, cuius iustitia ut est perfectissima, ita et in iudicio Dei firmissima et constantissima.

*Mar. 1* [, 15].

Poenitentiam agite et CREDITE Euangelio.

Iubet nos Euangelio, quod adnuntiat nobis certum favorem DEI erga nos, propter Christum, credere. Ergo non vult, ut de favore eius erga nos dubitemus, sed ut certam de eo fiduciam concipiamus.

*Ioan. 6* [, 29].

Hoc est opus Dei, ut credatis in eum, quem misit ille.

Si Deus exigit, ut credamus in filium suum, certe non vult ut dubitemus, sed ut firmam fiduciam in eo collocemus.

*Iacob. 1* [, 5 s.].

Si cui vestrum deest sapientia, postulet ab eo, qui dat, nempe Deo, qui dat, inquam, omnibus simpliciter, nec exprobrat, ac dabitur ei, sed postulet cum fiducia, NIHIL HAESITANS.

wöllen, vor dem strengen richter stůl Gottes, nicht besteen mögen.

So ist unns auch unverborgen, das der zweifel, von der gnad und barmhertzigkeit Gottes, unserm fleisch in disem zeitlichen leben, allwegen anhangt.

Aber nach dem Gott uns sein lauter gnädig Barmherzigkeit, von wegen seins Sons Jesu Christi, verheisset, und erfordert das wir dem Euangelio seins Sons gehorsamlich glauben. So erfordert er auch hiemit, das wir den zweifel unsers fleisch tödten, und ein gwissen unzweifelhaftigen vertrawen auff sein barmhertzigkeit fassen sollen, das wir die verheissung Gottes nicht so vil lugen straffen, so vil wir zweifel an ihr haben.

Und das wir ein gwiß vertrawen fassen möchten, so hat er unser seligkeit nicht gestelt, auff den verdienst unserer gerechtigkeit, wölche unvolkommen ist. Sonder auff den verdienst seins Sons, unsers Herrn Jesu Christi, wölches gerechtigkeit, nach dem sie ist die aller volkommenist, so ist sie auch vor dem gericht Gottis, die aller gwissest und bestendigest.

*Mar. i.*

Thůndt bůß, unnd glaubent dem Euangelio.

Er bevilhet uns zů glauben dem Euangelio, wölches uns verkündiget, das Gott uns gwißlich gnädig ist von Christi wegen. Darumb so will er nicht das wir an seiner gnad zweifeln, sonder das wir ein gwisen vertrawen, an sie fassen sollen.

*Joan. vi.*

Das ist Gottes werck, das ir an den glaubent, den er gesant hat.

So Gott erfordert das wir glauben an seinen Son, so will er freilich nicht, das wir zweifeln, sonder das wir ein gwiß vertrawen auf in setzen.

*Jaco. i.*

So jemandt under euch weißheit mangelt, der bitte von Gott, der da gibt einfeltigklich jederman, unnd ruckets niemands auff. So würdt sie im gegeben werden. Er bitte aber im glauben, und zweiffel nicht.

*Hilarius in Matth. cap. 5*[36].

Regnum coelorum, quod Prophetae nuntiaverunt, Ioannes praedicavit, Dominus noster in se esse positum est professus, vult sine aliqua incertae voluntatis ambiguitate sperari. Alioqui iustificatio ex fide nulla est, si ipsa fides fiat ambigua.

*August. in Manuali cap. 23*[37].

Qui de venia peccatorum suorum desperat, negat Deum esse misericordem, magnam iniuriam Deo facit, qui de eius misericordia diffidit, quantum in se est, negat Deum habere charitatem, veritatem et potestatem, in quibus TOTA spes mea consistit.

*Sixtus Pontifex, Tomo 1. Concilio*[rum],
*in 1. epist. Sixti Pontificis*[38].

Dubius in fide infidelis est.

Quare existimamus eos, qui iubent nos de favore Dei erga nos dubitare, non solum pugnare cum vera sententia Catholicae Ecclesiae, sed etiam saluti Ecclesiae pessime consulere.

**[3.] De satisfactione.**

De satisfactione credimus et confitemur, quod sola passio et mors unigeniti filii Dei, DOMINI nostri Iesu Christi, sit satisfactio pro peccatis nostris. Et quod haec satisfactio Christi, offeratur et applicetur nobis ministerio Euangelii, excipiatur autem a nobis FIDE.

Confitemur etiam, quod postquam satisfactio Christi nobis applicata et per fidem accepta sit, necessario debeamus bona opera, quae a Deo praecepta sunt, facere, non ut iis expiemus peccata coram Deo, sed ut ad declarandam obedientiam

36 Hilarius, In Matth. 5; PL 9, Sp. 944 s.

37 Pseudo-Augustinus, Manuale cap. 23. PL 40, Sp. 961.

38 Tom. 1. Concilior. in 1. epistola Sixti Pontificis. Pseudoisid. Dekretalen, PL 130, 102. Vgl. Petrus Crabbe O. M. (Ed.), Concilia omnia, tam generalia quam particularia, Köln 1538, Tom. 1, fol. 42c.

*Hilarius.*

Das reich der Himmel, das die Propheten verkündiget, Joannes geprediget, und unser HERR offenlich außgeben hat, das es auff im bestehe, will haben das man darauff on allen zweifel, des ungwisen willens hoffen soll, dann wo der glaub zweifelhafftig sein wurde, so wurd auch die rechtvertigung, die auß dem glauben kompt, nichts sein.

*Augustinus.*

Wölcher verzweifelt an der vergebung seiner sünden, der verleugnet das Gott barmhertzig sei. Diser thůt Gott ein grosse schmach der an seiner barmhertzigkeit zweifelt, er verleugnet, so vil an im ist, das Gott[19] nicht hab, die liebe, die warheit, unnd den gwalt, auff wölchen mein gantze hoffnung besteet.

*Babst Sixtus.*

Wölcher im glauben zweifelt, der ist ungleubig.

Darumb halten wir, das die so sagen, wir sollen an der gnad Gottes, die er gegen uns hab, zweiffeln, nicht allein der rechten waren meinung der Catholischen kirchen zů wider seien, sonder auch derselben heil und seligkeit gantz übelradten.

**[3.] Von dem gnůg thůn.**

Von gnůgthůn glauben und bekennen wir, das allein das leiden und der todt des eingebornnen Sons, unsers HERRN Jesu Christi, seie ein gnůgthůn für unsere sünde, und das diß gnůgthůn, werde uns, durch das ampt des Euangelions fürgehalten und zůgestelt, durch den glauben aber, von uns angenommen.

Wir bekennen auch, das es nöttig sei, nach dem das gnůgthůn Christi uns zůgestelt, und durch den glauben angenommen ist, gůte werck die Gott gebotten hat, zů thůn. Aber nicht diser meinung, das wir hiemit die sünde vor Gott büssen,

19 Vorlage: Gottt

nostram, bonos fructus poenitentiae proferamus et gratitudinem nostram testificemur.

Nam de oratione, ieiunio, eleemosyna et aliis id genus operibus, sentimus ea diligentissime sectanda esse, sed longe alium habere usum, quam quod vel meritis suis satisfaciant deo pro peccatis nostris, vel applicent nobis meritum Christi.

## [Art. 13]

## De oratione.

Oratione Deus invocatur. Vera autem invocatio est opus fidei, nec potest sine fide fieri. Fides autem intuetur Christum et nititur solis meritis Christi. Quare nisi applicaveris tibi meritum Christi FIDE, oratio nullius est coram Deo momenti.

Exigitur autem oratio in hunc usum, ut consideratione divinarum promissionum, fides in nobis excitetur et inflammetur. Itaque non absurde quidem dicitur, Oratione deleri peccata, non autem hoc sensu, quod opus ipsum orationis, sit merito suo satisfactio pro peccatis, coram Deo; sed quod oratione excitetur et accendatur FIDES, qua fide participamus meritum Christi et habemus remissionem peccatorum, propter solum Christum.

Priusquam enim Deum oratione invocamus, necessarium erit, ut meritum Christi sit nobis applicatum et fide acceptum. Quare fieri non potest, ut oratio sit tale opus, propter cuius meritum, consequamur coram Deo remissionem peccatorum.

sonder das wir unsern schuldigen gehorsam beweisen, gůte frucht der bůß bringen, und unser danckbarkeit bezeugen.

Dann von dem gebett, Fasten, Almůsen, und andern der gleichen wercken, halten wir, das man sie auff das fleissigst thůn soll. Aber weit einer anderer meinung, dann das durch iren verdienst, unsere sünd vor Gott gebüßt, oder dardurch der verdienst Christi uns zůgestelt werden solt.

[Art. 13]

## Von dem Gebett.

Man růfft Gott an mit dem gebett, aber die recht anrůffung, ist ein werck des glaubens, kan auch on den glauben nicht recht geschehen. Der glaub aber sihet auf Christum, und verlasset sich allein auff den verdienst Christi. Darumb wann dir nicht zůvor der verdienst Christi zůgestelt, und durch den glauben angenommen ist, so ist das gebett vor Gott kein nutz.

Das gebett aber würdt zů disem gebrauch erfordert, das wir dardurch der göttlichen zůsagung erinnert, und der glaub in uns erwecket und erhitziget werde.

Darumb wiewol es nicht aller ding ungeschickt geredt ist, so man sagt, die sünd werden durch das gebett außgetilgt, so ist es doch nicht also zů versteen, als ob das werck des gebets, seie von seins verdiensts wegen, ein gnůgthůn für die sünde vor gott sonder das durch das gebett, der glaub erweckt und entzündet werde, durch wölchen glauben, wir des verdiensts Christi teilhaftig werden, und haben verzeihung der sünden, allein von wegen Christi.

Dann es ist nötig, das ehe wir Gott mit dem gebett anrůffen, der verdienst Christi uns zůgestelt, und durch den glauben angenommen sei.

Darumb kann das gebett, nicht ein sollich werck sein, von wölches verdienst wegen wir vor Gott die verzeihung der sünden erlangen.

*Psalm. 108* [, 7].

Oratio eius fiat in peccatum. Non posset autem fieri peccatum, si per se esset opus tam dignum, quo peccatum expiaretur.

*Esaiae 1* [, 15].

Cum extenderitis manus vestras, avertam oculos meos a vobis, et cum multiplicaveritis orationem, non exaudiam. Deus autem non averteret oculos et aures ab oratione, si esset dignitate sua satisfactio pro peccatis nostris.

*Augustinus in psalm. 108* [39].

Oratio, quae non fit per Christum, non solum non delet peccatum, sed etiam fit ipsa peccatum.

*Bernhard. De Quadragesima sermone 5* [40].

Sed et vitam aeternam aliqui fortassis, non in humilitate quaerunt, sed tanquam in fiducia suorum meritorum. Nec hoc dico, quin accepta gratia fiduciam donet orandi, sed non oportet, ut in ea constituat quisquam fiduciam impetrandi. Hoc solum conferunt haec praemissa dona, ut ab ea misericordia, quae tribuit haec, sperentur etiam ampliora. Sit ergo oratio, quae pro temporalibus est, circa solas necessitates restricta. Sit oratio, quae pro virtutibus est animae, etiam ab omni impuritate libera et circa solum beneplacitum Dei intenta, sit ea, quae fit pro aeterna vita, in omni humilitate, praesumens de SOLA, ut dignum est, miseratione divina.

39 Augustinus, In psalm. 108 [bzw. 109]. CChr SL 40, 1590, 5-7

40 Sancti Bernardi Opera, ed. J. Leclerq, H. Rochais, vol. 4 Rom 1966, 376, 21-30.

*Psalm cviii.*

Sein Gebett mů̊ß sünd sein. Nun kündte das gebett kein sünde sein, wann es an im selbs so ein köstlich werck were, das man darmit die sünde büßt.

*Esa. i.*

Wenn ir schon ewer händ außbreitet, verberge ich doch mein augen vor euch, und ob ir schon vil bettet, höre ich euch doch nicht. Es wurde aber Gott sein augen und oren, von dem gebett nicht abwenden, so das gebett also wirdig were, dass es für die sünd gnůg thete.

*Augustinus.*

Das gebett so nicht durch Chrisum geschicht, dilget nicht allein die sünd nicht auß, sonder würdt auch selbst zůr sünde.

*Bernhardus.*

Es sůchen villeicht etlich das ewig leben nicht auß demůt, sonder als auß vertrawen irer eignen verdienst. Ich sage nicht, das die entpfangen gnad, nicht solt das vertrawen zů betten mit sich bringen, sonder ich sage, das niemandt das vertrawen zů erlangen darauff stellen soll.

Die eegemelten gaben seien allein dahin dienstlich, das man von der barmhertzigkeit, die solche gaben verlühen hat, noch mer und grössere hoffen soll. Hierauff so soll das gebett, darinn man umb die zeitlichen güter bittet, allein auff die notturfft gericht sein. Das gebett darinn man umb die tugend der seel bittet, soll nichts unreins in im haben, und allein auff Gottes wolgefallen gestelt sein. Das gebett, darinn man umb das ewig leben bittet, soll in aller demůt geschehen, und sein zůversicht allein auff die barmhertzigkeit Gottes, wie billich, setzen.

[Art. 14]

## De ieiunio.

Ieiunum sentimus utile esse, non in hoc, ut vel operis sui merito expiet peccata coram Deo, vel applicet ieiunanti meritum Christi, sed ut sobrietate iniiciat carni frenum, ne homo crapula et ebrietate impeditus, vocationi Dei minus obsequatur et suo officio oscitanter defungatur. Sed ieiunio suus postea dabitur locus.

[Art. 15]

## De eleemosyna.

Eleemosynam diligenter commendamus et hortamur ecclesiam, ut proximum quisque suum, quoquo officio potest, adiuvet, ac charitatem suam testificetur.

Sed quod alicubi dicitur, Eleemosynam delere peccatum, sicut aqua extinguit ignem [Sir 3,33], iuxta fidei analogiam intelligimus. Quid enim opus fuisset ad delenda peccata, passione et morte Christi filii Dei, si peccata delerentur merito eleemosynae? Et quis usus esset ministerii Euangelii, si eleemosyna divinitus fuisset ordinata pro organo, quo applicaretur nobis meritum Christi? Quare ut maneat Christo suus honor inviolatus et ministerio Euangelii suus legitimus usus, docemus eleemosynam sic delere peccatum, non quod per se

## [Art. 14]

## Vom Fasten.

Wir halten das das Fasten nutzlich sei, aber nicht dahin, das es auß verdienst seins wercks die sünde vor Gott büsse, oder das es dem der da fastet, den verdienst Christi zůstelle, sonder das durch ein niechter leben, dem fleisch ein biß[20] werde eingelegt, darmit der mensch durch fillerei, und fresserei, nicht verhindert werde, Gottes berůff außzůrichten, und sein ampt zů versehen, aber von dem fasten würdt hernach weitleuffiger volgen.

## [Art. 15]

## Vom almůsen.

Wir leeren, das man fleissig almůsen geben soll, und ermanen die kirchen, das ein jetlicher seinem nächsten, mit allem seinem müglichen dienst, zů hilff kommen, und sein liebe an im bezeugen soll.

Das aber etwa in der schrifft gsagt wurdt, das almůsen dilcke die sünd auß, wie das wasser das fewr außlöschet, das versteen wir also, wie es der glaub erleiden mag, und demselben ehnlich ist. Dann so die sündt durch den verdienst des Almůsens außgetilcket werden möcht, warzů bedörften wir zůr verzeihung der sünden, des leidens und tods, des Sons Gottes unsers HERRN Christi?

So auch das Almůsen von Gott verordnet were, das es solt sein ein werckzeug, dardurch unns der verdienst Christi zůgestellet wurde, Was bedörfften wir des Ampts, und der Predig des Euangelions? Darumb auff das dem HERRN Christo, sein ehr unverruckt, und dem Ampt des Euangelions sein ordenlicher rechter gebrauch bleibe. So leeren wir das das Almůsen dilcke auß die sünde, ja nicht auff dise weiß, das es für sich

20 Gebiß = zaum.

sit dignum opus, quo vel peccatum expietur, vel meritum Christi applicetur, sed quod sit opus et fructus charitatis erga proximum, quo opere testificamur fidem et obedientiam nostram, quam debemus Deo. Ubi autem est fides, ibi solus Christus agnoscitur peccatorum expiator. Itaque cum eleemosyna testificetur, suo quodam modo, Christum habitare in piis, testificatur etiam eos habere peccatorum remissionem. Nisi enim eleemosyna sit opus charitatis, quae testificetur FIDEM in Christum, tantum abest, ut significet hominem habere peccatorum remissionem, propter Christum, ut plane coram Deo sordeat. Si distribuero, inquit Paulus, omnes facultates meas in cibos pauperum, charitatem autem non habuero, nihil mihi prodest [1 Kor 13,3].

Docemus igitur bona opera necessario facienda, Deum oratione invocandum, pie ieiunandum et eleemosynam dandam esse, ut fidem et charitatem nostram testificemur et vocationi dei obediamus. Sed in agenda vera poenitentia docemus, remissionem peccatorum contingere nobis, tantum propter filium Dei DOMINUM nostrum Iesum Christum, per FIDEM, iuxta illud quod Petrus dicit. Huic omnes Prophetae testimonium ferunt, quod remissionem peccatorum accipiat per nomen eius, quisquis crediderit in eum [Act 10,43].

## [Art. 16]

## De eucharistia.

Credimus et confitemur, Eucharistam, (sic enim libuit maioribus nostris coenam dominicam vocare) esse sacramentum a Christo ipso institutum, et usum eius, usque ad novissimum huius saeculi diem, Ecclesiae commendatum esse.

selbs so ein köstlich werck sei, dardurch die sünde gebüßt, oder der verdienst Christi zůgestellet werde, sonder das es sei ein werck unnd ein frucht der liebe gegen dem nächsten, mit wölchem werck wir unsern glauben und gehorsam, so wir Gott schuldig seien, bezeugen.

Wo aber der glaub ist, da erkennt man das Christus allein sei der sünden büsser, darumb nach dem das Almůsen auff sein weis bezeuget, das Christus in den gläubigen wone, so bezeuget es auch, das sie haben verzeihung der sünden. Dann wo das Almůsen nicht ist ein werck der liebe, die da bezeuge den glauben in Christum, so fehlet es so vil, das es nit allein nit anzeige, der mensch habe verzeihung der sünden durch Christum, sonder das es vil mehr vor Gott ein gantz unlustig stinckendt werck seie. Paulus sagt, wenn ich alle meine habe den armen gebe und hette der liebe nicht, so were mirs nichts nutze.

Darumb leeren wir, das mann müsse gůte werck thůn, Gott mit dem gebett anrufen, Recht[21] fasten, und Almůsen geben, dardurch unsern glauben und liebe zů bezeugen, unnd Gottes berůff zů folgen. Aber so man reden will, wie man rechtgschaffne bůß thůn soll. So leeren wir, das wir erlangen verzeihung der sünden allein von wegen des Sons Gottes unsers HERRN Jhesu Christi, durch den glauben wie, Petrus sagt, von disem zeugen alle Propheten, das durch seinen namen, alle die an jhn glauben, vergebung[22] der sünde empfahen sollen.

### [Art. 16]

## Vom Nachtmal Christi.

Wir glauben und bekennen, das die Eucharistia (dann also haben unsere eltern lust gehabt das Nachtmal Christi zů nennen) sei ein Sacrament, das Christus selbs gestifft und einge-

21 recht, richtig
22 Vorlage: vergebnng

Sed quia aliud est substantia, aliud usus eius, idcirco de his ordine dicemus.

De substantia Eucharistiae sentimus et docemus, quod verum corpus Christi et verus sanguis eius in Eucharistia distribuatur, et refutamus eos, qui dicunt, panem et vinum Eucharistiae esse tantum absentis corporis et sanguinis Christi signa.

Credimus etiam omnipotentiam Dei tantam esse, ut possit in Eucharistia substantiam panis et vini, vel annihilare, vel in corpus et sanguinem Christi mutare.

Sed quod Deus hanc suam absolutam omnipotentiam in Eucharistia exerceat, non videtur esse certo verbo Dei traditum et apparet veteri Ecclesiae fuisse ignotum. Sicut enim, cum in Ezechiele de urbe Hierusalem, in latere descripta dicitur, ISTA EST Hierusalem [Ez 5,5; vgl. 4,1-8], non necesse fuit, ut substantia lateris mutaretur in substantiam urbis Hierusalem, ita cum de pane dicitur; Hoc est corpus meum, non est necesse, ut substantia panis mutetur in substantiam corporis Christi, sed ad veritatem sacramenti sufficit, quod corpus Christi vere sit cum pane praesens, atque adeo necessitas ipsa veritatis sacramenti, exigere videtur, ut cum vera praesentia corporis Christi, verus panis maneat. Nam quemadmodum ad veritatem sacramenti Baptismi necessarium est, ut in usu eius aqua sit et maneat vera aqua, ita necessarium est in coena dominica, ut panis in usu eius sit et maneat verus panis, cum mutata panis substantia non constaret veritas sacramenti. Unde et Paulus et veteres Ecclesiastici scriptores, panem Eucharistiae etiam post consecrationem panem vocant.

setzt habe, das auch der kirchen bevolhen sei, dasselb biß zů end der welt zů gebrauchen.

Dweil aber ein underschid ist, zwischen der Substantz oder wesen, und zwischen dem gebrauch des Nachtmals, wöllen wir davon ordenlich nacheinander reden.

Von der Substantia oder wesen der Eucharistien halben, leeren wir, das der war leib Christi, und sein wares blůt, in der Eucharistien außgeteilt werden, und verwerffen deren leer, so sagen das brodt und der wein in der Eucharistien seien allein zeichen, des abwesenden leibs und blůts Christi.

Wir glauben auch das die Allmächtigkeit Gottes so gwaltig sei, das sie mög die Substantz, des brots und des weins, eintweder vernichten, oder in den leib und das blůt Christi verwandlen.

Das aber Gott sich stracks, diser seiner Allmächtigkeit in der Eucharistien gebrauche, würdt durch kein gwiß wort Gottis bezeuget, unnd scheinet, als hette die alt kirch, nichts darvon gewüßt.

Dann gleich wie in Ezechiele da die Statt Jerusalem auff ein ziegelstein abgemalet, und gsagt würdt, das ist Jherusalem, nicht von nöten ist, das die Substantz des ziegelsteins verwandelt werde in die Substantz der Statt Jherusalem. Also auch da von dem brot gsagt würdt, das ist mein leib, ist nicht von nöten, das die Substanz des brodts verwandelt werde, in die Substanz des leibs Christi, sonder, das es ein wares Sacrament sei, so ist es gnůg, das der leib Christi warhafftig bei dem brot gegenwürtig sei, ja auch das es ein wares Sacrament sei, so erfordert die not, das das war brot bleibe bei der waren gegenwürtigkeit des leibs Christi, dann gleich wie im gebrauch des taufs von nöten ist, das das wasser sei und bleibe ein wares wasser, soll anders der Tauff ein recht Sacrament sein. Also ist im nachtmal des HERrn von nöten, das das brot in seinem gebrauch, sei und bleibe ein recht wares brot, nach dem es nicht ein recht Sacrament sein kan, so die Substantz des brots verwandelt wurdt. Daher Paulus und die alten Scribenten der kirchen das brott der Eucharistien, auch nach dem segen, ein brott nennen.

*1. ad Corinth. 11* [, 28 s.].

Probet seipsum homo et sic de PANE illo edat, etc. Et quicunque manducaverit PANEM HUNC et biberit calicem domini indigne, etc.

*August. in sermone ad infantes* [41].

Quod vidistis panis est et calix, quod vobis etiam oculi vestri renunciant. Quod autem fides vestra postulat instruenda, panis est corpus Christi, calix sanguis.

Quod autem ad Eucharistiae usum attinet, primum, etsi non negamus, quin totus Christus tam pane, quam vino Eucharistiae dispensetur, tamen docemus usum utriusque partis debere universae Ecclesiae communem esse. Manifestum enim est, quod Christus ipse, nihil periculis, quae postea humana superstitione excogitata sunt, aut aliis commentis, deterritus, tradiderit Ecclesiae utranque partem utendam.

Manifestum etiam est, quod vetus Ecclesia usa sit utraque parte multis annis. Et testantur aliquot scriptores perspicue, eos qui solum panem accipiunt, non accipere PLENUM sacramentum sacramentaliter (sic enim loquuntur) et divisionem unius eiusdemque mysterii sine grandi sacrilegio fieri non posse.

Quare sentimus usum utriusque partis esse vere Catholicum et Apostolicum, nec licere ulli homini hanc Christi institutionem et tam diuturnum veteris et verae Ecclesiae ritum, pro sua libidine mutare et laicis, ut vocant, alteram partem Eucharistiae auferre.

Ac mirandum est, quod hi, qui profitentur se ritus veteris Ecclesiae propugnare, tam procul hac in parte a veteri Ecclesia recedant.

[41] Augustinus, Sermo 272. PL 38, Sp. 1246.

*i. Cor. xi.*

Der mensch prieffe sich selbs, und also esse er von disem brott, und trincke von disem kelch[23].

*Augustinus.*

Das ir haben gesehen, das ist brot und kelch, wie auch das selb ewer augen bezeugen. So vil aber ewer glaub bericht empfahen soll, So ist das brot der leib Christi, und der kelch das blůt.

Sovil aber den gebrauch der Eucharistien belangt.

Anfencklich, wiewol wir nicht leugnen, das der gantz Christus werde beid im brot und im wein der Eucharistien außgeteilt. Jedoch so leeren wir das der gebrauch beider stuck, überal in der kirchen gmein sein soll.

Dann es ist offenwar, das Christus selbs beide stuck der kirchen zů gebrauchen bevolhen hat, unangesehen der gefarligkeit, und anderer erdichten meinung, so menschlich aberglaub im hernach hat traumen lassen.

Es ist auch offenwar, das die alt kirch beide stuck vil jar in gebrauch gehabt hab, so bezeugen etlich scribenten klärlich, das die so allein das brott entpfahen, nicht das gantz Sacrament Sacramentlich (wie sie reden) entpfahen. Und das es ein grosser kirchenraub sei, so man ein einig einzelig Sacrament von einander zerteilet.

Darumb halten wir, das der gebrauch beider stuck, seie warhafftig Catholisch, und Apostolisch, und gebüre keinem menschen dise stifftung Christi, auch so langwirigen gebrauch der alten waren kirchen, seins gfallens verendern, und die leien (wie man sie nennet) des andern stucks der Eucharistien berauben.

Unnd ist sich zů verwundern, wie es doch zůgehe, das die so fürgeben, sie verfechten die gebreuch der alten kirchen, hierinn so ferr von der alten kirchen abgewichen sein.

23 Im Unterschied zur lateinischen Fassung fehlt hier Vers 29.

Deinde, cum sacrificii nomen latissime pateat, ac generaliter significet sacrum cultum, libenter concedimus, verum et legitimum usum Eucharistiae, posse hoc modo sacrificium dici. Et si Eucharistia iuxta institutionem Christi ita celebratur, ut in ea adnuncietur mors Christi et dispensetur Ecclesiae sacramentum corporis et sanguinis Christi, recte vocatur Applicatio meriti passionis Christi, his videlicet, qui sacramentum sumunt.

Nec damnandae sunt piae lectiones et precationes, quae consecrationem, ut vocant, et dispensationem Eucharistiae praecedere et sequi solent.

Sed interea non licet nobis errores, qui ad sacrum, imperitia magis privatorum hominum, quam legitimo consensu verae Catholicae ecclesiae, accesserunt, dissimulare et approbare.

Unus error est, quod ex cultu, qui debet Ecclesiae esse communis, fiat privata unius sacrificuli actio, qui ut solus sibi legit verba coenae dominicae, ita etiam solus panem et vinum sumit.

Nam Christus instituit Eucharistiam, non ut esset privata unius actio, sed ut esset Ecclesiae communio. Itaque ad rectam Eucharistiae actionem requiruntur ad minus duo, videlicet, minister Eucharistiae benedicens, et is, cui Eucharistiae sacramentum dispensetur. Cum enim Christus hoc Sacramentum institueret, non ipse solus vescebatur, sed dispensabat Ecclesiae suae, quam tum praesentem habebat: Accipite, inquiens, manducate, etc. Et bibite ex hoc omnes, etc.

Hoc Christi institutum, vetus et vera Catholica Ecclesia tam severiter observavit, ut eos, qui in hoc sacro praesentes non communicarent, excommunicaverit.

Ferner nach dem das wort (Sacrificium) weit umb sich greiffet, und in der gemein, ein heiligen gotsdienst heißt, so wöllen wir gern zůgeben, das man den rechten waren gebrauch der Eucharistien, auff dise weiß ein Sacrificium oder opffer nenne.

Und so die Eucharistia, nach der stiftung Christi, also gehalten würdt, das man darinn den todt Christi verkündige, und das Sacrament, des leibs und blůts Christi, der kirchen außteile, so würdt recht gesagt, das hiemit der verdienst des leidens Christi appliciert, oder zůgestellet werde, nämlich denen, so das Sacrament entpfahen.

Es sollen auch die gůten Christlichen lectiones und gebett, so vor und nach der Consecration (wie sie es nennen) auch außteilung der Eucharistien, gebreuchlich seien, nicht verworffen werden.

Aber hierunder will sich nicht gebüren, das wir die irrthumb, so zů disem heiligen gottes dienst, mehr auß unverstand etlicher sonderlicher person, denn auß rechter meinung der waren Catholischen kirchen, hinzů kommen seien, verschweigen und billichen solten.

Der erst irrthumb ist, das man auß dem Gottesdienst, so der Kirchen in gmein zůgehöret, ein sonderlich werck, eins einzeligen Meßpriesters machet, wölcher, wie er im allein die wort des Nachtmals in still liset, also, Isset und trinckt er auch allein das brot und den wein.

Dann unser HERR Christus hat das Nachtmal gestifft, nicht auff solche weiß, das es solt eins einzeligen menschen werck sein, sonder das es sei ein gmeinschafft der kirchen. Darumb so man das Nachtmal recht halten will, gehören auff das aller wenigest zwů personen darzů, nämlich der diener, so das Nachtmal segnet, und der ander, dem das Nachtmal gereicht würdt. Dann da Christus dises Sacrament stifftet, so hat er nicht allein geessen, sonder hat es auch seiner kirchen, die er dazůmal bei im hett, mitgeteilt, und gsagt: Nement hin und Essend etc. und Trinckend alle daraus etc.

Dise stifftung Christi, hat die alt war Catholisch kirch so steiff unnd ernstlich gehalten, das sie die auß der kirchen ge-

*Anaclectus in prima epistola*[42].

Peracta consecratione OMNES communicent, qui noluerint Ecclesiasticis carere liminibus. Et addit[43]: Sic enim et Apostoli statuerunt et sancta Romana tenet Ecclesia.

*Concilium Antiochenum cap. 2*[44].

OMNES, qui ingrediuntur Ecclesiam Dei et sacras Scripturas audiunt, non autem cum populo in oratione communicant et aversantur sanctam assumptionem dominici sacramenti, secundum aliquam propriam disciplinam, hos ab Ecclesia abiici oportet.

*Dionys. De Ecclesiastica hierarchia*[45].

Pontifex, cum divina munera laude prosecutus fuerit, sacrosancta et augustissima mysteria conficit et quae ante laudaverat, venerandis operta atque abdita signis, in conspectum agit, divinaque munera reverenter ostendens, ad sacram illorum COMMUNIONEM et ipse convertitur et reliquos ut COMMUNICENT hortatur, sumpta denique, atque OMNIBUS TRADITA communione divina, gratias referens, finem mysteriis imponens.

Arbitramur igitur necessarium esse, ut ad conservandam in celebratione Eucharistiae institutionem Christi et ad sectandum exemplum veteris ac Catholicae Ecclesiae, abrogentur privatae sacrificulorum Missae et restituatur Ecclesiae publica coenae dominicae communio.

Alius error est, quod Eucharistia sit tale sacrificium, quod debeat iugiter in Ecclesia, ad expianda peccata vivorum et mortuorum et pro impetrandis aliis beneficiis, tam corporalibus, quam spiritualibus, offerri.

42 Anaclet, in 1. epistola. Pseudoisid. Dekret. PL 130, Sp. 64 = Decretum D. I c. 59, de cons. (Friedberg I, Sp. 1311).

43 Ebenda, unmittelbar anschließend.

44 Concilium Antiochenum. Pseudoisid. Dekret. PL 130, Sp. 280.

45 Dionysius Areopag., De eccl. hier. cap. 3. PG 3, 423 - 446. Aber nicht als wörtliches Zitat.

triben haben, wölche bei dem Nachtmal gegenwürtig waren, und doch dasselb nicht mit andern entpfiengen.

*Anacletus.*

Wann das Nachtmal gesegnet ist, so soll jederman dasselb entpfahen, der nicht will auß der kirchen außgetriben werden.

*Und setzt hinzů.*

Dann also haben es die Apostel verordnet, unnd also helt es auch die heilig Römisch kirch.

*Concilium Antiochenum.*

Es sollen diese alle von der kirchen außgeschlossen werden, wölche in die kirchen Gottes gehen, und hören die heilige schrifft, wöllen aber auß eigner andacht, mit dem volck, das gmein gebett nicht halten, noch das heilig Sacrament des HERRN entpfahen.

*Dionysius.*

Wann der bischoff von den Götlichen gaben auß geprediget hat, so segnet er das heilig Nachtmal, und stellet das heilig Sacrament, darvon er vor hin geprediget, herfür in das gesicht, und nach dem er die heiligen gaben des Nachtmals gezeigt, so entpfahet er es selbs, und ermanet auch die andern, das sie es entpfahen sollen. Darauff so er es entpfangen, und den andern mitgeteilt hat, beschleußt er das ampt, mit heiliger dancksagung.

Hierauff so man will im Nachtmal die recht stifftung Christi erhalten, und den gebrauch der alten waren Catholischen Kirchen volgen, halten wir für nötig, das die winckelmeß der meßpriester abgethon, und das Nachtmal offenlich in der gemein der kirchen gehalten werde.

Der ander irrthumb ist, das das Nachtmal sei ein sollich Opffer, das da soll stets für und für in der kirchen, die sünd der lebendigen und todten zů büssen, und andere beid leiblich und geistlich gůtthat zů erlangen, geopffert werden.

Hic error manifeste pugnat cum Euangelio Christi, quod testificatur, Christum UNA oblatione, semel tantum facta, consummasse in sempiternum sanctificatos [Hebr 9,12 und 10,14].

Et quia Christus passione ac morte sua impetravit nobis remissionem peccatorum, quae et nobis per Euangelion in novo Testamento adnuntiatur, idcirco non licet amplius pro peccato sacrificare. Dicit enim Epistola ad Hebraeos: Ubi est peccatorum remissio, iam non est oblatio pro peccato [Hebr 10,18].

Nam quod Christus dicit: Hoc facite in mei commemorationem [Lk 22,19]; non iubet corpus et sanguinem suum in coena Deo, sed Ecclesiae offerre, ut Ecclesia edendo corpus et bibendo sanguinem Christi, ac praedicando beneficium mortis eius, admoneatur de ea corporis et sanguinis Christi oblatione, quae semel tantum in cruce, in expiationem peccatorum nostrorum, facta est. Sic enim Paulus hoc dictum Christi interpretatur: Quotiescunque, inquiens, manducabitis (non ait obtuleritis) panem hunc et bibetis calicem, mortem domini predicate, donec veniat [1 Kor 11,26].

Ac fatemur quidem, quod veteres Ecclesiastici Scriptores vocaverint Eucharistiam, sacrificium et oblationem, sed se ipsi exponunt, quod nomine sacrificii intelligant memoriam, adnuntiationem, seu predicationem sacrificii, quod Christus semel in cruce peregit. Sicut et memoriam Paschae et Pentecostes, vocant Pascha et Pentecosten.

Alius error est, quod nonnulli sentiunt oblationem (quam ita vocant) Eucharistiae, non esse quidem per se propitiationem pro peccatis, applicare autem propitiationem et meritum Christi vivis et mortuis[46].

Sed iam demonstratum est, quod Eucharistia proprie non sit oblatio, sed sic vocetur, quod sit memoria oblationis semel

46 Das Augsburger Interim von 1548, hg. von Joachim Mehlhausen (Texte zur Geschichte der evangelischen Theologie 3) Neukirchen 1970, 114: Art. Vom Opfer der Meß: »Aber nun opfern wir denselben vnder ainer

Diser irrthumb streittet offenlich wider das Euangelion Christi, wölches bezeuget, das Christus mit seinem opffer, das er nur ein mal gethon, und ewig gilt, volkommen heiligen macht.

Und nach dem Christus uns mit seinem leiden und todt, die verzeihung der sünden, die auch im neuwen Testament durch das Euangelion verkündiget würdt, verdienet hat, so bedarff es keins opffern mehr für die sünd, wie die Epistel zů den Hebreern [am Rand: Hebr. 10] sagt, wo der sünden vergebung ist, da ist nicht mehr opffer für die sünde.

Dann das Christus sagt, das thůnd zů meiner gedechtnuß, bevilhet er nicht seinen leib und blůt im Nachtmal unserm HERRN Gott, sonder der kirchen zů opffern, oder darzůreichen. Auff das so die kirch, den leib und das blůt Christi neußt[24], und von der gůtthat seines todts Prediget, ermanet werde an das einig opffer des leibs und blůts Christi, wölches nur ein mal am Creutz, zůr bůß unserer sünden, volnbracht ist worden. Dann also erkläret Paulus disen spruch Christi und sagt. So offt ir essent (er sagt nicht opffernt) dises brott, und trinckt den kelch, so predigen von dem todt Christi, biß er kompt.

Und wiewol wir bekennen, das die alten Scribenten der kirchen, das Nachtmal ein Sacrificium oder opffer genennt haben, Jedoch so erklären sie sich selbst das sie durch das wort opffer versteen die gedechtnuß, die verkündigung und die Predig des opffers, so Christus ein mal am Creutz außgerichtet hat, wie sie denn auch die gedächtnuß der Ostern und Pfingsten, nennen Ostern unnd Pfingsten.

Der dritt irrthumb ist, das etlich halten, seie das Opffer (wie sie es nennen) des Nachtmals nicht für sich selbs ein versönung für die sünde, so werde doch dardurch die versönung und der verdienst Christi, den lebendigen und todten zůgestelt und zůgeeignet.

Wir haben aber jetzt angezeigt, das die Eucharistia, eigentlich darvon zů reden, nicht sei ein Opffer, sonder werde

24 genießt

in cruce factae. Deinde applicatio meriti Christi, non fit alio externo organo, quam praedicatione Euangelii Christi et dispensatione eorum Sacramentorum, quae Christus in hunc usum instituit. Et meritum Christi oblatum et applicatum, non recipitur nisi FIDE.

*Marci ultimo* [16, 15 s.].

Praedicate Euangelion omni creaturae. Ministerio enim Euangelii offeruntur et applicantur creaturis, hoc est, sive Iudaeis, sive Gentibus, beneficia Christi. Et sequitur: Qui crediderit et baptizatus fuerit, salvus erit, quia sumptione sacramentorum et fide, accipiuntur oblata et applicata beneficia.

*Ad Romanos 1* [, 16].

Euangelion est potentia Dei, ad salutem omni CREDENTI, hoc est, ministerium Euangelii est organon divinitus institutum, quo Deus est potens et efficax ad salvandos omnes eos, qui Euangelio credunt. Itaque praedicatio Euangelii offert, aut si ita loqui libet, applicat, omnibus salutem, FIDES autem oblatam et applicatam salutem accipit.

In privata autem Missa, panis et vinum ita tractantur, ut sacrificulus neque adnuntiet publice Euangelion Christi, sed sibi ipsi quaedam, ac praesertim verba coenae seu consecrationis,

gehaimnuß auch vnblutiger vnd vnleidender weiß, nicht das wir dardurch vergebung der sünden vnd das Hail vnser seelen noch aller erst verdienten, sonder das wir die gedechtnuß des leiden Christi verdrachten vnd zu gemiet fieren, got dancken für das Hail, das vns am Creitz erworben ist, vnd allda vns zuaignen die verdiente vergebung der sinden vnd die erleßung durch den glauben vnd herzliche andacht.« Ebd., 120: »Nicht das wir damit vergebung der sinden vnd die erleßung von neuem verdienen, sonder das vns sy, wie sie am Creitz verdient ist, durch den glauben vnd andacht vns gut vnd nutz machen …«

allein von des wegen, das sie ist ein gedächtnuß des Opffers, so ein mal am Creutz geschehen, ein Opfer genannt.

Zů dem so würdt der verdienst Christi, uns durch kein andern werckzeug, dann durch die Predig des Euangelions Christi, unnd durch die außteilung der Sacrament, die Christus zů disem gebrauch gestifft hat, appliciert und zůgestelt.

So würt auch der verdienst Christi, so uns ist angebotten und zůgestelt, nicht anderst angenommen, dann durch den glauben.

*Mar. ultimo.*

Predigent das Euangelion aller Creatur. Dann durch das Predigtampt des Euangelions werden die gůtthat Christi den Creaturen (das ist) beid Juden und Heiden angepotten und zůgestellt.

Unnd volget darauff. Wölcher glaubt und getaufft würt, der würt selig, dann so mann die Sacrament annimpt, und glaubt, so entpfahet man die angepotten und zůgestelten gůtthaten.

*Rom. i.*

Das Euangelion ist ein krafft Gottes, Zůr säligkeit einem jetlichen der daran glaubt (das ist) das Predigampt des Euangelions ist von gott ein verordneter werckzeug, dardurch Gott sein krafft und gwalt übet, sälig zů machen, alle die, so dem Euangelio glauben. Darumb so ist die Predig des Euangelions, dahin gericht, das sie allen menschen die säligkeit anbeutet, Oder so man alos reden will, Appliciert und zůstellet.

Der glaub aber entpfahet die angepotten und zůgestelte säligkeit.

Aber in der winckel Meß, geht mann mit dem brott und wein also umb, das der Meßpriester, das Euangelion Christi nicht offentlich verkündiget, sonder mummelt[25] bei im selbs in einer still etlich wort, und fürnemlich die wort des Nachtmals oder Consecration. So außteilet er auch den andern nicht weder brott noch Wein, sonder gneußt[26] die selben allein. Darumb so

25 murmelt
26 genießt

tacite recenseat, neque dispenset aliis panem et vinum, sed solus ipse ea sumat. Quare nulla potest esse applicatio meriti Christi in privata Missa. Hoc senserunt veri Catholici maiores nostri, qui tam severiter, quemadmodum supra indicavimus, exegerunt, ut qui in Missa praesens non communicaverit, excommunicetur.

Alius error est, quem iam attigimus, quod exigitur, ut verba coenae seu consecrationis, in Eucharistia tacite recitentur, cum haec verba sint pars Euangelii, quod iuxta mandatum Christi omnibus creaturis est praedicandum. Etsi enim maiores nostri vocarunt aliquoties Eucharistiam mysterium, non tamen hoc consilio sic vocarunt, quod verba coene non sint coram Ecclesia in Eucharistia publice et lingua vulgo nota, recitanda, sed quod in Eucharistia aliud videatur, aliud intelligatur. Nam et Christus ipse vocatur Mysterium, qui tamen non est occultandus, sed omnibus creaturis praedicandus [vgl. 1 Tim 3, 16].

Et quia in sumenda Eucharistia exigitur FIDES, Fides autem est ex auditu; Auditus autem per verbum Dei [vgl. Röm 10, 17], maxime omnium necessarium est in Eucharistia, ut verbum coenae, quod est verbum filii Dei, publice recitetur. Hoc enim verbum est praedicatio Euangelii et adnunciatio mortis Christi. Quare ut ecclesia intelligat, quid in Eucharistia agatur, et quid ipsi sumendum offeratur, et ut fidem suam confirmet, necessaria est in Eucharistia, publica recitatio verborum coenae dominicae.

Alius error est, quod una pars Eucharistiae soleat in singularem cultum Dei circumgestari et reponi. Vetat autem Spiritus sanctus, ne cultus Dei, sine certo Dei mandato, instituatur.

*Deuter. 12* [, 8].

Non facietis singuli, quod sibi rectum videtur.

kan die Winckelmeß kein Applicatio oder übergab des verdiensts Christi sein. Und das haben unsere vorfarn die rechte Catholici gemeint, da sie mit so grossem ernst, wie daoben angezeigt, verordnet haben, das, wölcher bei der Meß gegenwürtig sei, und das Sacrament nicht entpfahe, soll verbannet sein.

Der vierdt irrthumb, den wir gleich jetz angeregt[27] haben, ist diser, das man gepeut, man soll die wort des Nachtmals oder Consecration in der Eucharistien, heimlich sprechen, so doch dise wort seien ein stuck des Euangelions, das nach dem bevelch Christi allen creaturen gepredigt werden soll. Dann wiewol unsere vorfarn, haben etwa die Eucharistien ein Mysterium (das ist) geheimnuß genannt, so haben sie es doch nicht diser meinung also genannt, das man in der Eucharistien, die wort des nachtmals, nicht soll offentlich unnd mit bekannter sprach, vor der kirchen lesen, sonder das man in der Eucharistien, ein anders sihet, und ein anders verstehet.

Dann es würdt auch Christus selbs ein Mysterium oder geheimnuß genannt, den man doch nicht heimlich verbergen, sonder allen Creaturen verkündigen soll.

Und nach dem in der entpfahung des Sacraments des Nachtmals, der Glaub erfordert würdt, der glaub aber kompt auß dem gehör, und das gehör durch Gottis wort, so ist es sehr nöttig, das man die wort des Nachtmals, wölche seien wort des Sons Gottis, bei dem Nachtmal frei offenlich spreche. Dann dise wort seien die Predig des Euangelions, und die verkündigung des todts Christi, darumb so ist von nöten, das man bei dem Nachtmal, die wort des Nachtmals offenlich spreche, da mit die kirch verstehe, was im Nachtmal gehandelt, was auch ir zů entpfahen gereichet werde, und sie iren glauben darauß stercken möge.

Der fünfft irthumb ist, das das ein stuck des Nachtmals zů einem sonderlichen, fürtreffenlichen gotsdienst umb her getragen und eingesperret würdt.

Es verbeut aber der heilig geist, das man kein Gots dienst on sonderlichen Gottis bevelch stifften und anrichten soll.

[27] berührt

*Et iterum* [Dtn 12, 32].

Quod praecipio tibi, hoc tantum facias DOMINO, nec addas quicquam, nec minuas.

*Matth. 15* [, 9].

Frustra colunt me, docentes doctrinas, mandata hominum.

*Clemens epistola 2. ad Iacobum et de consecra. dist. 2. cap. tribus*[47].

Certe tanta in altario holocausta offerantur, quanta populo sufficere debeant, quod si remanserint IN CRASTINUM, non reserventur, sed cum timore et tremore, clericorum diligentia, consumantur.

Non ignoramus, quomodo haec Clementis verba eludi soleant, conficto discrimine inter opus morientium et opus consecrantium. Sed manifestum est, quod panis, qui circumgestari et in adorationem reponi solet, non reservetur pro infirmis, sed tandem a consecrantibus ipsis sumatur.

*Cyrillus, vel ut alii sentiunt, Origenes, in Levi*[ticum] *cap. 7*[48].

Nam et DOMINUS panem, quem discipulis dabat, dicebat eis: Accipite et manducate etc., non distulit nec servari iussit in crastinum. Hoc fortasse mysterii continetur etiam in eo, quod panem non iubet portari in via, ut semper recentes, quos intra te geris, verbi Dei panes proferas.

47 Clemens epistola 2. ad Iacobum etc. Epistola praeceptorum Sancti Clementis papae missa Iacobo fratri Domini bzw. ep. II. Ps. Clementis, quae dudum ante Pseudoisidor. confecta nomine praeceptorum S. Petri de sacramentis conservandis, zit. aus Decretum D. 2 c. 23, de cons. (Friedberg I, Sp. 1321). Text bei Hinschius a.a.O. S. 47 und PL (Opp. Leonis M.) 56, S. 893 f. Wortlaut im Decretum: Tanta in altario certe holocausta ... remanserint, in crastinum non ... tremore clericorum et diligentia consumantur.

48 Origenes, In Levit. cap. 7. Hom 5, 8. GCS, Origenes Werke 6, Leipzig 1920, 349, 16-20.

*Deu. xii.*

Es soll nicht ein jetlicher thůn was in recht dunckt.

*Und abermals.*

Alles was ich euch gebeute, das solt ir halten, das ir darnach thůt, ir solt nicht darzůthůn, noch davon thůn.

*Matth. xv.*

Sie dienen mir vergeblich, dweil sie leeren solche leer, die nichts denn menschen gebott sindt.

*Clemens.*

Man soll so vil oblaten auff den altar bringen, sovil dem volck gnůg sindt, so aber etwas darvon über bleibt, soll es nicht bis auff den andern tag behalten werden, sonder die Clerisei soll es fleissig mit forcht und zittern niessen[28].

Wir wissen wol, was man für außflůcht in diesen worten Clementis sůchet, nämlich das man ein undterschidt macht zwischen dem werck deren die in todts nöten ligen, und deren die das nachtmal Consecrieren oder weihen. Aber es ist offenbar das das brot, so umbher getragen und eingesperret, würdt nicht behalten für die krancken, sonder hindennach von den Consecranten genossen.

*Cyrillus oder nach anderer meinung Origenes.*

Der HERR hat das brott, das er den jungern gabe, und sprach: Nempt hin und essends, in die lenge nicht auffgehalten, noch biß auff den andern tag zů behalten bevolhen. Und nach dem er nicht bevilhet das man das brott auff dem weg tragen soll, so möcht villeicht dise geheimnuß, auch darinn begriffen sein, das du allwegen frisch new brott gottis worts, so du in dir tragest, herfür bringen solt.

[28] genießen

[Art. 17]

## De ordine.

Non est obscurum e sacris literis, quod omnes vere Christiani consecrentur in Baptismo per Christum filium Dei, in spirituales sacerdotes, et debeant semper offerre Deo spiritualia sacrificia.

Nec est obscurum, quod Christus instituerit in Ecclesia sua ministros, qui adnuntient Euangelion suum et dispensent sacramenta eius.

Nec permittendum est cuivis, quamvis spirituali sacerdoti, ut sine legitima vocatione usurpet publicum ministerium in ecclesia. Dicit enim Paulus: Omnia honeste et decenter fiant inter vos [1 Kor 14, 40]. Et iterum: Nemini cito manus imponas [1 Tim 5, 22]. Quare non inutile iudicamus, ut fides eorum, qui ad publicum ministerium Euangelii accessuri sunt, quasi gradibus quibusdam probetur.

Et inter ministros Ecclesiae, suum servare ordinem, videtur concordiam nonnihil adiuvare.

Sed sacra scriptura non tradit, quod Christus instituerit in Ecclesia sua tales sacerdotes, qui sint mediatores inter Deum et homines et placent iram Dei erga homines sacrificiis suis, aut applicent meritum Christi vivis ac mortuis, absque praedicatione Euangelii et dispensatione sacramentorum.

Nam si de summo et vero mediatore dicendum est, Unus solus est mediator inter Deum et homines, Iesus Christus Filius Dei.

Si loquendum est de mediatore precationis, unusquisque pius factus est alterius mediator per Iesum Christum, propterea quod officium exigit, ut alter alterius salutem precibus suis Deo commendet, quod etiam officium tunc singuli exercent, cum recitant ex fide orationem dominicam.

Si loquendum est de sacrificiis expiantibus peccata nostra et placantibus iram Dei, tunc unum solum est sacrificium expiatorium et placatorium, videlicet, sacrificium DOMINI nostri

[Art. 17]

## Von der priester Weihe.

Die heilig schrifft leeret offenwarlich, das alle ware Christen werden in dem Tauff, durch Christum den Son gottis, zů geistlichen Priestern geweicht, unnd das sie allwegen, geistliche opffer dem Herrn Gott opffern sollen.

So ist es auch unverborgen, das Christus in seiner kirchen, verordnet hat diener, die sein Euangelion verkündigen, unnd seine Sacrament außteilen sollen.

Und soll nicht gestattet werden, das ein jetlicher, ob er schon ein geistlicher priester ist, sich on ordenlichen berůff des offenlichen gemeinen ampts in der kirchen underfahe, dann Sanct Paulus sagt, lassent es alles ehrlich und ordenlich under euch zůgehen, und abermals, du sollest niemants bald die hand aufflegen. Darumb halten wir es sei nutzlich, das die trewe, und der fleiß deren, so zů dem Predigampt gebraucht sollen werden, vorhin ordenlich von dem geringern an biß zům höhern, erkundiget und erfaren werde.

So hilffts auch wol zůr einigkeit, das under den kirchendienern, sein gepürlich ordnung gehalten werde.

Aber die heilig schrifft leeret nicht, das Christus in seiner kirchen solche priester verordnet hab, die da seien Mittler zwischen Gott und den menschen, und versönen durch ir opffer den zorn Gottes, gegen den menschen, oder zůeignen den verdienst Christi den lebendigen und todten, ausserthalb der Predig des Euangelions, und außteilung der Sacrament.

Dann wann man von dem höchsten und waren Mittler reden will, So ist nur ein einiger mittler zwischen Gott und dem menschen, Jesus Christus der Son Gottes.

Will man dann reden von dem mittler des gebets, so ist ein jetlicher glaubiger des andern mittler worden durch Jhesum Christum, nach dem allen Christen gebüret, das je einer für des andern heil und wolfart Gott anrůffen unnd bitten soll, wie

Iesu Christi, quod semel in cruce peractum est. Et sicut Christus non amplius moritur, mors illi amplius non dominatur [vgl. Röm 6, 9], ita hoc sacrificium eius nunquam amplius peragetur, sed effecit unica oblatione [Hebr 10, 14], quemadmodum Epistola ad Hebraeos scribit, perfectos in perpetuum eos, qui sanctificantur.

Si loquendum est de commemoratione huius unius sacrificii, et de applicatione meriti eius, tunc publici ministri Ecclesiae, qui Euangelion publice docent et sacramenta iuxta institutionem Christi dispensant, non solum faciunt veram et rectam expiatorii sacrificii commemorationem, sed etiam applicant, dispensatione sua, meritum huius sacrificii, omnibus iis, qui Euangelion et sacramenta fide accipiunt.

Non possumus igitur videre, quis sit usus id genus hominum in Ecclesia, qui in hoc instituuntur, ut habeant potestatem sacrificandi pro vivis et mortuis.

Paulus cum ad Corinthios [1 Kor 12, 28] et Ephesios [Eph 4, 11] recenset officia et ministeria ad aedificationem et conservationem Ecclesiae necessaria, recenset Prophetas, Apostolos, Euangelistas, Pastores, Doctores et id genus alios, sed in hoc catalogo nullam prorsus facit mentionem talium privatorum sacerdotum, qualium nunc plenus est orbis.

Nec verisimile est, quod omisisset hoc genus sacerdotum, si vel Christus instituisset, vel Ecclesiae utile ac necessarium esset.

Et scribit Paulus, Episcopum oportere esse didacticon [Tit 1, 9]; docet autem Hieronymus eundem esse Episcopum et Presbyterum[49].

Quare manifestum est, quod nisi Presbyter instituatur in Ecclesia ad ministerium docendi, nec Presbyteri, nec Episcopi nomen recte usurpare queat.

49 Hieronymus, zu Tit. 1. PL 26, Sp. 457 C; Decretum D. XCV, c. 5 (Friedberg I, Sp. 332). Vgl. ep. 69 ad Oceanum.

dann ein jetlicher sollichs außrichtet, so er das Vatter unser auß rechtem glauben bettet.

Will man aber reden von der gedechtnuß dises einigen opffers, und von dem fürbringen oder zůeignen seines verdiensts, so halten die gemeinen diener der kirchen, die das Euangelion offenlich predigen, und die Sacramenta nach der stifftung Christi außteilen, nicht allein die recht war gedechtnuß des bůßopffers, sonder sie applicieren und zůeignen auch, den verdienst dises opffers, allen jhenigen, so das Euangelion und die Sacrament mit glauben annemen.

Darumb können wir nicht erachten, wa zů doch dise leut, in der kirchen nutz seien, die darauff bestelt oder geweicht werden, das sie gwalt sollen haben, zů opffern für die lebendigen und todten.

Da Paulus in den Episteln zů den Corinthiern und Ephesern, die ämpter und dienst, so zů erbawung und erhaltung der kirchen nötig seien, erzelet, so erzeelet er Propheten, Aposteln, Euangelisten, Pfarherrn, Predigern, und dergleichen andere. Aber in disem Register gedenckt er gar nicht solcher winckelmeß Priester, deren jetz alle lender voll seien. Er wurde auch freilich ir nicht vergessen haben, so sie eintweder von Christo gestifft, oder der kirchen nutzlich und nötig weren.

So schreibt auch Paulus, das ein Bischoff soll können leeren oder predigen. Nun leeret hierauff Hieronymus, das ein Priester als vil sei als ein Bischoff, darumb ists offenwar, wann ein Priester in der kirchen nicht zů dem leer oder Predigampt geweicht oder verordnet würdt, so kann er sich weder eins Bischoffs noch Priesters namen mit der warheit annemen.

## [Art. 18]

## De coniugio.

Fatemur coniugium esse genus vitae divinitus institutum et approbatum, et esse mysterium, hoc est, ut vulgo exponi solet, sacramentum magnum in Christo et Ecclesia, sicut Paulus ait [Eph 5,32]. Et quia Christus palam affirmat, coniugium pertinere ad hoc praesens saeculum [vgl. Mt 22,30], administratio autem rerum huius saeculi constat politicis legibus, recta et probabili ratione constitutis, idcirco docemus, quod liceat coniugium inire in his gradibus consanguinitatis et affinitatis, quos politicae leges, quae sunt divinae ordinationes, permittunt.

Docemus etiam, quod iuvenes non debeant temere, sine parentum suorum autoritate, coniugium inire, et quod coniugium temerario et illegitimo iuvenum consensu, absque eorum, in quorum potestate sunt, autoritate contractum, nondum habendum sit ratum. Etsi enim nonnulli casus sunt, in quibus licitum est coniugium absque parentum consensu contrahere, tamen non videtur facienda generalis regula, quod quivis iuvenum consensus, faciat contractum matrimonii ratum, et clandestina matrimonia simpliciter sint approbanda.

Non solum enim divinum praeceptum exigit, ut liberi honorent parentes suos, verum etiam naturalis ratio iubet, in contrahendo matrimonio consensum parentum requirere. Huc

## [Art. 18]

## Von dem Eelichen Standt.

Wir bekennen, das der Eelich standt seie von gott eingesetzt, und bestetiget, und seie ein geheimnuß (das ist wie man es gmeinlich außleget) ein groß Sacrament in Christo und seiner kirchen, wie Paulus sagt.

Und nach dem Christus offenlich sagt, das der Eelich standt disem zeitlichen leben zů gehöre, und aber die händel dises zeitlichen lebens, durch burgerliche satzůngen, so der rechten vernunfft, unnd billigkeit gmeß seien, verordnet und verricht werden sollen. So leeren wir, das man sich in den gradibus Consanguinitatis et Affinitatis, der Sipschafft unnd Magschafft[29], so die Weltliche burgerliche recht die da Gottesordnung seien zůlassen, verheiratten möge. Wir leeren auch, das die jungen sich nicht můtwilligklich, on irer elter wissen und willen, verheiratten sollen, und das man dises noch für kein bstendige Ee halten soll, wann die jungen frevenlich und eigens unrechtmessigen willens, ausserthalb deren verwilligung, in welcher gwalt sie noch seien, sich zůsamen verloben. Dann wiewol sich etlich Casus zůtragen mögen, das ein jungs on der Eltern verwilligung sich verheiratten mag. Jedoch so will sich darauß nicht leichtlich ein gmeine regel machen lassen, das die bewilligung beider jungen solt für sich selbs gnůgsam sein, ein bestendige eeglübtnuß zů machen, und das die heimliche eeglübtnuß schlechts solten gehalten werden.

Dann es erfordert nicht allein das Göttlich gebott, das die kinder ire Eltern in eeren halten sollen, sonder auch die natürlich vernunfft gibt es, das man sich mit verwilligung der Eltern verheiratten soll.

Es werden auch die kinder hierauff durch die weltlichen recht gewisen.

[29] Verwandtschaft

vocantur etiam liberi legibus Politicis. Et extat decretum Pontificis Euaristi[50], cuius haec verba scribuntur [am Rand: *In epistola 1. Euaristii tom. 1. conciliorum*]. Aliter legitimum, ut a patribus accepimus et a sanctis Apostolis, eorumque successoribus traditum invenimus, non fit coniugium, nisi ab his, qui super ipsam foeminam dominationem habere videntur et a quibus custoditur, uxor petatur et a parentibus propinquioribus sponsetur.

Praeterea non dubitamus, quin qui sunt vera honestatis amantes, sentiant coniugium non tantum laicis, ut vocant, verum etiam ministris Ecclesiae liberum esse. Dicit enim Epistola ad Hebreaos: Honorabile connubium in omnibus et thorus immaculatus [Hebr 13,4].

Et Paulus probat coniugium in Episcopo [vgl. 1 Tim 3,2], et affirmat prohibitionem coniugii esse spiritum erroris et doctrinam daemoniorum [vgl. 1 Tim 4,1-3]. Etsi enim hoc Pauli dictum exponi solet de Tacianis et Encratitis, qui coniugium nihil a scortatione differre sentiebant, tamen cum coniugium prohibetur in Decretis pontificiis[51], prohibetur iis rationibus, quibus coniugium non in uno tantum hominum genere, sed in universum damnatur. Allegatur enim illud Levitici: Sancti estote, quia ego sanctus sum [Lev 11,44]. Et illud Pauli: Non in cubilibus ac lasciviis [Röm 13,13]. Et iterum: Qui in carne sunt, Deo placere non possunt [Röm 8,8]. Cum autem haec scripturae dicta ad omnes pertineant, certe arcerent omnes pios a coniugio, si recte ad prohibendum sacerdotibus coniugium accommodarentur.

Sed speramus bonos quosque viros de coniugio honestius sentire, et quod in Ecclesia ipsa probant, in ministris eius non

50 Euaristus, ep. I. tom. I. PL 130, Sp. 81 (Pseudoisid. Dekretalen) = Decretum C. XXX. q. 5, c. 1 (Friedberg, Sp. 1104). Vgl. Petrus Crabbe O. M. (Ed.), Concilia omnia, tam generalia quam particularia, Köln 1538, Tom. 1, Fol. 34d.

51 Vgl. Decretum D. XXXI, c. 4 (Friedberg I, Sp. 112).

Und ist vorhanden ein Decret des Bapsts Euaristi, In wölchem also geschriben ist: Wie wir von unsern vorfaren entpfangen, und von den heiligen Aposteln, auch iren nachkommen, an uns gelangt befunden haben, so ist kein rechtmessige Ehe, man werbe dann umb das weib bei denen, so über das weib gwalt zů haben geacht, und sie bewaren, und das sie von iren nächsten Eltern vermehlet werde.

Neben dem, so zweifeln wir nicht, das wölche ein recht eerlichs gmüt haben, haltens darfür, das nicht allein den leien (wie man sie nennet) sonder auch den kirchendienern frei sei, sich eelich zů verheiratten. Dann die Epistola ad Heb. sagt: Der Eestandt ist ehrlich bei allen, und ein unbefleckt Ehebette.

So billicht auch Paulus den Eestandt an eim Bischoff, und sagt ferner, das das verbot des Ehestands sei ein irriger geist, und des teuffels leer, dann wiewol man disen spruch Pauli auff die Tatianer und Encratiter[30] deuten will, wölche kein underschid zwischen dem Eestandt und hůrerei gehalten haben, jedoch da der Ehestand der Kirchendiener in den Bäbstlichen decreten verpotten würdt, da würdt er mit solchen ursachen verpotten, das er nicht allein an etlichen sonderlichen, sonder vil mer, an allen menschen verworffen würdt.

Dann es würdt diser spruch im dritten bůch Mosi angezogen: Seindt heilig, dann ich bin auch heilig. Und dieser spruch Pauli: Lassend uns ehrbarlich wandeln, als am tag, nicht in kamern und unzůcht. Und abermals: Die fleischlich seind, mügen Gott nicht gefallen.

Nach dem aber diese sprüch der heiligen schrifft, auff alle menschen geredt seien, so müste darauß volgen, wann sie zů verbieten den Priestern den Ehestandt recht angezogen weren, das sich alle Christen des Ehestandts recht angezogen werden, das sich alle Christen des Ehestandts enthalten sollen.

Aber wir verhoffen, das alle frommen biderleut von dem Ehestandt vil ehrlicher halten, und das sie an den kirchendienern nicht verwerffen, was sie an der kirchen selbs für billich

30 Vorlage: Enacratiter

improbare, praesertim cum manifesta sint exempla recentis et adhuc purioris Ecclesiae, in qua et Apostolis, qui fuit summus gradus in Ecclesia, et Episcopis licuit habere uxores. Hoc autem ita intelligendum existimamus, quod ministris Ecclesiae non solum licuerit coniugio ante ordinationem inito uti, verum etiam coniugium post ordinationem inire, cuius sententiae haud obscura argumenta extant.

Nec obstare debet votum castitatis, propterea quod tale votum humana superstitione, sine authoritate verbi Dei et contra fidem susceptum, non agnoscatur a Deo, et in coniugio sua quoque sit castitas, ut qui cum antea castitatem voverit, uxorem in DOMINO ducit, castitatis votum vere adimpleat.

Cum igitur manifestum sit verbum Dei de honestate coniugii, manifesta sint exempla Apostolorum et Episcoporum recentis Ecclesiae, manifesta sit imbecillitas humanae naturae, manifesta sint pericula coelibatus, manifesta sint offendicula, quae praebent impuri sacerdotes, omnino futurum speramus, ut hi qui ad gubernacula Ecclesiae sedent, non pergant hanc de coniugio sacerdotum constitutionem, severiter tueri et propugnare, sed clementer interpretari. Sic enim fiet, ut et minora et pauciora sint in Ecclesia offendicula, et multorum optimorum virorum conscientiis succurratur. Speramus etiam futurum, ut optimi quique Episcopi et Principes permittant iis, qui ab adulteris suis coniugibus, legitimo divortio, separati sunt, ea contrahendi iterum in DOMINO coniugii libertate uti, quam concessit eis filius Dei DOMINUS noster Iesus Christus, Matthei quinto [, 32] et decimo nono [, 9].

achten. Fürnemlich auch diser ursach halben, das die Exempla der ersten und noch reinen kirchen vorhanden, in wölcher auch den Aposteln (der doch der höchst standt im kirchen ampt ist) frei gwesen ist, Eeweiber zů haben.

Unnd das soll unsers erachtens also verstanden werden, das den kirchendienern nicht allein gebüre ire Eheweiber, so sie vor der weihe zůr Ehe genommen haben, zů behalten, sonder das sie auch sich nach der weihe, ehelich verheiratten mögen, wie dann diese meinung auß gnůgsamen kundtschafften, dargethon werden mag.

Unnd daran soll die Glübdt der keuscheit gar kein hinderung bringen, dann sollich glübt, dieweil es auß menschlichem aberglauben, on bevelch Gottis wort, unnd wider den glauben, fürgenommen ist, so würdt es von Gott nicht für billich erkennt. Zů dem, so hat auch der Ehestand sein keuscheit, das wölcher zůvor die keuscheit globt hat, und nimpt darauff ein Eheweib im HERRN, der erfüllet warhafftig die glübdt der keuschheit.

Darumb nach dem durch Gottis wort offenwar, das der Ehestandt ehrlich sei, auch offenwar die exempla der Apostel, unnd Bischoff der ersten kirchen, offenwar die blöde[31] menschlicher natur, offenwar die gefärligkeit des ledigen standts, und offenwar die ergernus so die unzüchtigen Priester geben, so verhoffen wir das die Regenten der kirchen, nicht fortfaren werden, das verpot von der Priester Ehestandt, mit der strenge handtzůhaben, und zů verfechten, sonder gütlich nachzůlassen. Dann hiemit werden geringer und weniger ergernuß in der Kirchen sein, und würdt viler frummen leut gwissen geholffen.

Wir verhoffen auch das die frummen Bischoff unnd Fürsten werden zůlassen und gestatten denen, so von ihren Ehebrüchigen gmahel, rechtmessig geschiden sich diser freiheit widerumb in dem[32] HERRN zů heiraten zů gebrauchen, wölche freiheit inen der Son Gottes unser HERR Jhesus Christus gegeben hat. Mathei. v. und xix.

[31] Schwäche
[32] dem: fehlt in der Vorlage.

[Art. 19]

## De extrema unctione.

Fatemur Apostolos unxisse aegros oleo, qui et corporalem sanitatem consecuti sunt [Mk 6,13].

Fatemur etiam Epistolam, quae inscribitur Iacobo, iubere presbyteros Ecclesiae ad aegrotos vocari, ut ungant eos oleo, et orent pro ipsis, ad consequendam sanitatem [Jak 5,14].

Sed haec tum utiliter exercebantur, cum ministri Ecclesiae adhuc ornati erant dono, aegrotos corporaliter et admirabiliter sanandi. Postquam autem hoc donum, confirmato Euangelio in Ecclesia, desiit, res ipsa restatur, hanc unctionis caeremoniam otiose nunc et inutiliter usurpari. Qui enim nunc unguntur, non solent ex hac unctione corporalem sanitatem consequi, imo haec unctio, non solet adhiberi nisi his, de quorum corporali vita desperatum est. Nec extat ullum verbum Dei, quod promittat, divulgato Euangelio Christi, externam unctionem valere ad delenda peccata, et ad conferendam spiritualem ac coelestem sanitatem. Nihilominus tamen officium exigit, ut ministri Ecclesiae aegrotos visitent, ac orent una cum Ecclesia pro salute eorum, et consolentur ipsos tam praedicatione Euangelii, quam dispensatione coenae dominicae. Haec est vere pia unctio, qua Spiritus sanctus efficax est in credentibus.

[Art. 19]

## Von der ölung.

Wir bekennen das die Apostel die krancken mit öl gesalbet haben, und das die krancken darvon leiblich gsundt worden sind.

Wir bekennen auch, das die Epistel, so sant Jacob zůgelegt würt, bevilhet, die eltisten der kirchen zů den krancken zů berůffen, das sie dieselben mit öl salben, und für sie die gsundtheit zů erlangen, bitten sollen.

Aber dises salben ist dazůmal nutzlich gwesen, da die kirchendiener noch die gab hetten, die krancken leiblich unnd wunderbarlich gsundt zů machen.

Nach dem aber die Predig des Euangelions bestetigt, und dise gab in der Kirchen auffgehöret hat, bezeuget die that an ir selbs, das zů diser zeit, die Ceremony der ölung vergeblich unnd unnutzlich gebraucht würdt. Dann wölche zů dieser zeit, mit dem öl gesalbet werden, die erlangen nicht die leiblich gsundheit durch die salbung. Ja man ölet allein dise leut, zů denen man sich keins leiblichen lebens mehr versihet.

So ist auch kein verheissung gottes wort vorhanden, die da kundtschafft gebe, das nachdem das Euangelion Christi in die welt außgebreitet worden, die eusserlich ölung nutzlich sei, die sünd außzůtilcken, und die geistlich himmelisch gsundtheit zů verleihen.

Nichts dester weniger gebüret es sich, das die Kirchendiener die krancken heimsůchen, und sampt der kirchen für ir heil bitten, auch sich durch die Predig des Euangelions, und darreichung des nachtmals trösten, dann dises ist die recht göttlich ölung, dardurch der heilig Geist in den glaubigen krefftig ist.

[Art. 20]

## De invocatione sanctorum.

Non est dubium, quin memoria eorum sanctorum, qui cum essent in hac corporali vita, Ecclesiam vel doctrina, vel scriptis, vel miraculis, vel exemplis iuverunt, et sive martyrio testificati sunt veritatem Euangelii, sive tranquillo mortis genere in Christo obdormierunt, debeat apud omnes pios sacrosancta esse; et commendandi sint Ecclesiae, ut doctrina et exemplis ipsorum, in vera fide confirmemur, et ad sectandam veram pietatem inflammemur.

Fatemur etiam, quod sancti in coelis, suo quodam modo, pro nobis coram Deo orent, sicut et angeli pro nobis sunt soliciti, et omnes creaturae pro salute nostra, coelesti quodam modo, ingemiscunt et nobiscum, quemadmodum Paulus loquitur, parturiunt [Röm 8,22].

Sed sicut ex gemitu reliquarum creaturarum non est instituendus cultus invocandi eas, ita ex oratione sanctorum in coelis, non est approbandus cultus invocandi sanctos; de his enim invocandis nullum extat in sacris literis vel mandatum vel exemplum. Cum enim omnis spes salutis nostrae collocanda sit, non in sanctis, sed in solo DOMINO Deo nostro, per filium eius Iesum Christum, manifestum est, quod non sancti, sed solus Deus sit invocandus. Quomodo invocabunt, inquit Paulus, in quem non credunt? [Röm 10,14]. Non est autem in sanctos credendum, quomodo igitur essent invocandi?

[Art. 20]

## Von anruͤffung der heiligen.

Es ist kein zweifel, das alle frumme Christen ehrlich gedencken sollen deren heiligen, wölche, da sie noch in disem leben waren, der kirchen eintweder mit ir müntlichen leer, oder mit schrifften, oder mit wunderwercken, oder mit gůtem exempel des lebens nutzlich gwesen, die auch die warheit des Euangelions mit ihrer marter bezeuget, oder sonst senfftmütig in Christo entschlaffen seindt.

Man soll auch, die selben heiligen der kirchen rümen, das wir durch ir leer und Exempel, im rechten waren glauben bestetiget, und irem frummen gotsförchtigen leben nach zůfolgen entzündet werden.

Ferner bekennen wir, das die heiligen im himmel für uns, vor Gott, auff ire weiß bitten, wie dann auch die Engel für uns sorgfeltig[33] sein, ja auch alle Creatur seufftzen, auff ein himmelische weiß, für unser heil, und engsten sich mit uns immerdar, wie Paulus redet.

Aber gleich wie auß dem seufftzen anderer Creaturen kein kirchendienst sie anzůruͤffen, gestifft werden soll, also soll man auch auß der heiligen bitt im himmel, den gotsdienst sie anzůruͤffen, nicht billichen.

Dann es ist in der heiligen schrifft weder gebott noch Exempel, das man die heiligen anruͤffen soll. Dann nach dem wir alle hoffnung unsers heils setzen sollen, nicht auff die heiligen, sonder allein auff unsern Herrn Gott, durch seinen Son Jhesum Christum, so ist es offenwar, das nicht die heiligen, sonder allein Gott anzůruͤffen sei. Wie kan man disen anruͤffen, spricht sant Paulus, in den man nicht glaubt? Nun soll man je nicht in die heiligen glauben, wie solt man sie den anruͤffen?

Unnd dweil es nötig ist, das wölcher angeruͤfft würt, sei ein

[33] besorgt

Et cum necesse sit, ut qui invocatur, sit scrutator cordis, non debent sancti invocari, quia non sunt cordis scrutatores.

*Epiphanius contra Collyridianos*[52].

Revera sanctum erat corpus Mariae, non tamen Deus, revera virgo erat ipsa virgo, et honorata, non autem proposita est ad adorationem, sed ipsa adorans eum, qui carne genitus est ex ea.

*August. de vera reli*[gione] *cap. ultimo*[53].

Non sit nobis religio cultus hominum mortuorum, quia si pie vixerint, non sic habentur, ut tales quaerant honores, sed illum a nobis coli volunt, quo illuminati laetantur, meriti sui nos esse conservos. Honorandi ergo sunt propter imitationem, non adorandi propter religionem.

*Et iterum ibidem*[54].

Honoramus eos charitate, non servitute. Nec eis templa construimus. Nolunt enim se sic honorari a nobis, quia nos ipsos, cum boni sumus, templum summi Dei esse noverunt.

*Ac rurs[us] De civita*[te] *Dei lib. 8. cap. 27*[55].

Nec tamen nos eisdem martyribus templa, sacerdotia, sacra et sacrificia constituimus, quum non ipsi, sed Deus eorum nobis est Deus, etc. Martyribus nostris neque sacerdotes instituimus, neque offerimus sacrificia[56].

*Ambrosius ad Roma. cap. 1*[57].

Solent misera uti excusatione, dicentes: Per istos posse iri ad Deum, sicut per Comites pervenitur ad Regem. Age nunquid tam demens est aliquis et salutis suae immemor, ut honorifi-

52 Epiphanius, Contra Collyridianos. PG 42, Sp. 746. adv. haeres III, 2, haer. 79 = GCS, Epiphanius 3, 479, 16-18.
53 Augustinus, De vera religione cap. ult. CChr SL 32, 256, 23-28.
54 Ebd. 258, 74-76.
55 Augustinus, De civitate Dei, lib. 8, cap. 27. CChr SL 47, 248, 1-3.
56 Ebd., 249, 42 s.
57 Ambrosius [=Ambrosiaster], Ad Rom. cap. I, v. 22. CSEL 81, 42, 20-24.

erkundiger des hertzen, so soll man je die heiligen nicht anrůffen, nach dem sie nicht seien des herzten erkundiger.

*Epiphanius.*

Der leib Marie war warhafftig heilig, er war aber nicht Gott, die junckfraw war warhafftig ein junckfraw, und erbar, sie ist aber uns nicht fürgestelt sie anzůbetten, sonder sie anbettet selbs disen, der nach dem fleisch auß ir geborn ist.

*Augustinus.*

Wir sollen kein gotsdienst von den abgestorbnen menschen machen, dann so sie Christlich gelebt haben, so seind sie nicht darfür zů halten, das sie solcher ehr begeren, sonder sie wöllen das diser von uns geehret werden soll, durch wölches erleuchtung sie sich erfrewen, das wir ires verdiensts mitknecht worden seindt. Darumb sollen wir sie ehren, das wir inen nachvolgen, und nicht anbetten, als ob wir in sie glauben.

*Und abermals.*

Wir ehren sie auß liebe, nicht auß underthäniger dienstbarkeit. Wir bawen auch inen nicht kirchen, dann sie wöllen nicht auff solche weiß von uns geehret werden, nach dem sie wol wissen, das wir selbs kirchen des höchsten Gottes sein, so wir frumm sein.

*Und widerumb.*

Den Marterer stifften wir weder kirchen noch Priesterthumb, noch heiligthumb, noch opffer, dann sie seind nicht unser Gott, sonder ir Gott ist auch unser Gott etc. Unseren marterer, bestellen wir nicht priester, so opffern wir ihnen auch nicht opffer.

*Ambrosius.*

Sie haben ein ellende entschuldigung, und sagen, man möge durch sie zů Gott kommen, wie man durch die Graven zů dem Künig kommen mag. Nun wolan, ist auch jemandts so thöricht, und seins heils so unachtsam, das er die herrligkeit des Künigs einem Graven zůlege?

centiam Regis vendicet Comiti? etc. Et mox[58]: Isti non putant reos, qui honorem nominis Dei deferunt creaturae et relicto Domino conservos adorant.

At enim non adoramus, inquiunt, sanctos, sed tantum petimus orationibus eorum apud Deum iuvari. Sic autem petere, quemadmodum cultus Litaniarum ostendit et vulgo usitatum est, nihil aliud est, quam invocare et adorare sanctos. Talis enim petitio exigit, ut is qui rogatur, sit ubique praesens, et exaudiat petitionem. Haec autem maiestas soli Deo competit, et si tribuitur creaturae, creatura adoratur.

Fingunt quidam sanctos videre in verbo Dei, quae Deus promittit, et quae nobis utilia videntur. Quod etsi divinae maiestati non est impossibile, tamen Esaias manifeste affirmat, Abraham nescire nos, et Israelem ignorare nos [vgl. Jes 63, 16], ubi glossa ordinaria citat Augustinum dicentem: Quod mortui, etiam sancti, nesciant, quid agant vivi, etc.[59]

Nam quod veteres scriptores vertunt se aliquoties precibus suis ad sanctos, isti aut vulgi errorem, sine exacto iudicio, simpliciter secuti sunt, aut usi sunt tali forma loquendi, non ut cultu Theologico, sed ut figura Grammatica, quam Prosopopaeiam vocant, qua homines pii et diserti non significant se colere et invocare sanctos, sed exprimere inenarrabilem illum gemitum sanctorum et omnium creaturarum, pro nostra salute, et significant pias preces, quas sancti in hoc saeculo e Spiritu sancto coram Deo effuderunt, adhuc in auribus Dei sonare, sicut et sanguis Abel post mortem eius coram Deo adhuc voci-

58 Ebd., Z. 25-27.

59 Glossa ordinaria zu Jes. 63, 16. In der Ausgabe Basel 1507 p. 4, fol. 102b s. findet sich das Zitat nicht. Vgl. etwa Augustinus, In Evang. Joh. tract. 49, c. IX. CChr SL 36, 429, 11 s.: Dormit ergo omnis mortuus et bonus et malus.

*Und bald darauff.*

Sie halten diese nicht für schuldig, so die ehr Göttlichs namens einer creatur zůmessen, und hindan gesetzt den HERRN, ire mitknecht anbetten.

Sie sagen aber, wir anbetten nicht die heiligen, sonder wir begeren allein, das sie mit irem bett[34], uns vor gott hilflich sein sollen. Ja aber der heiligen fürbitt solcher gstalt begeren, wie die Letanei außweiset, und gmeinlich der gebrauch, ist nicht anders dann die heiligen anrüffen und anbetten, dann sollichs begeren, erfordert, das der so gebetten würt, sei allenthalb gegenwürtig unnd erhöre das gebett. Aber dise Maiestet gebüret allein Gott, und so sie einer Creatur würt zůgelegt, so würdt die Creatur angebettet.

Etlich erdichten, das die heiligen sehen in Gottis wort, was gott verheiß, unnd was uns nutzlich geacht werde, wölches ob es wol Göttlicher Maiestet, nicht unmüglich ist, so sagt doch Esaias offenwarlich, Abraham kenne unser nicht, und Jßrael wisse nicht von uns, da auch die gmein Glosa den heiligen Augustinum anzeucht, der do sagt, das die todten, ob sie schon heilig seien, so wissen sie doch nicht was die lebendigen thůn.

Dann das die alten Scribenten zů zeiten in irem gebett die heiligen anreden, da volgen sie eintweder einfeltigklich, on ernstlichen bedacht, des gemeinen volcks irrthumb, oder haben sich einer solchen weiß zů reden gebraucht, nicht zům Gotsdienst, sonder nach der figur, so in der Grammatica Prosopopeia[35] heißt. Mit wölcher weiß zů reden, die frummen gelerten nicht zů versteen geben, das sie die heiligen ehren und anrüffen, sonder das sie hiemit etlicher maß ansagen, den unaußsprechlichen seufftzen, der heiligen und aller creaturen für unser heil. Das sie auch anzeigen das das recht gebett, so die heiligen in diser welt, vor Gott auß dem heiligen Geist gesprochen haben, noch in den göttlichen oren hell laute, wie auch das blůt Abel laut geschrien hat. Und im Apocalipsi

34 Gebet

36 Reutlinger Handschrift: das ist erdichtung einer Person

ferabatur [Gen 4,10]. Et in Apocalypsi clamant animae sanctorum interfectorum, ut sanguis ipsorum vindicetur [Apk 6,10], non quod iam in domino quiescentes, cupidi sint vindictae, pro humano more, sed quod dominus etiam post mortem ipsorum, memor sit precum, quas, dum adhuc in hac terra viverent, pro sua et totius Ecclesiae liberatione effuderunt.

*Epiphanius contra Aerium.*

Etsi et ipse nonnihil haeret in communi errore, tamen perspicue docet, sanctorum mentionem in Ecclesia fieri, non ut invocentur, sed potius ut non invocentur, nec Christo in honore aequentur. Mentionem, inquit[60], facimus iustorum Patrum, Patriarcharum, Prophetarum, Apostolorum, Euangelistarum, Martyrum, Confessorum, Episcoporum et Anachoretarum, ac totius agminis, ut DOMINUM Iesum Christum separemus ab hominum agmine, per honorem, quem ipsi exhibemus, et ut praestemus ei cultum, quo sentire nos significemus, quod DOMINUS non sit aequandus ulli hominum, etiamsi unusquisque eorum millies, aut ultra, ut iustitia existat.

## [Art. 21]

## De memoria defunctorum.

Etsi reipsa idem sunt, sanctus in Christo quiescens et fidelis defunctus. Omnis enim qui in fide Christi hac vita defungitur, sanctus est, tamen quia libuit nonnullis discrimen inter hos ponere, visum est et nobis duo diversa capita de his adscribere.

Ac primum sentimus piae mentis esse, maiorum suorum in fide Christi defunctorum, honestam mentionem facere, et gratitudinem iis beneficiis, quae ab ipsis accepimus debitam, erga

60 Epiphanius, Contra Aerium. PG 42, Sp. 514.

schreien die Seelen der heiligen so getödt seien, das ir blůt gerechet[36] werde, nicht diser meinung, das die heiligen, so jetzt in dem HERRN růwen, auff menschlich weiß rachgirig seien, sonder das der HERR, auch nach irem todt, eingedenck ist des gebets, das sie, da sie noch auff erden lebten, von wegen irer, und der gantzen kirchen erlösung, gethon haben.

Epiphanius, wiewol er auch dem gmeinen irrthum etwas anhangt, jedoch so leeret er frei unverholen, das man der heiligen in der Kirchen gedencke, nicht das man sie anrůffen, sonder vil mehr, das man sie nicht anrůffen, noch Christo in der verehrung vergleichen soll, dann er sagt also: Wir gedencken der frummen vätter, Patriarchen, Propheten, Aposteln, Euangelisten, Marterer, Beichtigern, Bischoffen, und Einsidlern, unnd des gantzen hauffen, das wir den HERRN Jesum Christum, durch die ehr so wir im erbieten, von der menschen hauffen absönderen, das wir auch im ein gotsdienst beweisen, dardurch wir zů verstehn geben, das der HERR keinem menschen sei zů vergleichen, ob schon derselben jetlicher tausentfeltig, unnd noch mehr, frumm und gerecht ist.

[Art. 21]

## Von der gedächtnuß der abgestorbnen.

Wiewol es an im selbs ein ding ist, ein Heiliger der in Christo růwet, und ein glaubige seel, dann ein jetlicher so in dem glauben Christi abstirbt, der ist ein heilig. Jedoch nach dem es etlichen gfallen hat, hierinn ein underschid zů machen, so sihet es uns für gůt an, das wir auch zwei underschidlich Capitel darvon schreiben.

Und anfencklich, halten wir das es Gotsfürchtigen frummen leuten gebüre, irer eltern oder vorfarn, so in dem glauben Christi verschiden, ehrlich zů gedencken, unnd schuldige

[36] gerächt

posteros et amicos eorum adhuc superstites, quibus possumus officiis, declarare.

Deinde exigit fides, ut sentiamus mortuos non esse nihil, sed vere coram Deo vivere, pios quidem in Christo foeliciter, impios autem in horribili expectatione revelationis divini iudicii.

Exigit etiam charitas, ut optemus defunctis omnem in Christo tranquillitatem et foelicitatem.

Accedit et hoc, quod debeamus defunctos nostros honestae sepulturae, quo ad eius fieri potest, et tempus ac hominum conditiones ferunt, ad testificandam spem resurrectionis nostrae, mandare. Itaque iudicamus utile esse, ut in funeribus ea e sacris literis recitentur et explicentur, quae ad corroborandam fidem in horrore mortis et ad confirmandam spem resurrectionis conducunt.

Sed quod mortui iuventur usitatis illis vigiliis, precationibus et sacrificiis, ac meritis horum, aut e poenis liberentur, aut maiorem foelicitatem in coelis consequantur, nullum extat testimonium vere Propheticae et Apostolicae doctrinae.

Unum enim tantum est meritum aeternae vitae, una sola est redemptio et liberatio nostra, videlicet passio et mors DOMINI nostri Iesu Christi. Et hoc meritum fit nostrum, cum credimus in Christum, fit autem a nobis alienum, cum Euangelio Christi non credimus.

danckbarkeit so vil uns müglich gegen iren nachkommen und freunden, so noch im leben sindt, von wegen der gůtthat die wir von inen entpfangen haben zů erzeigen.

Darnach so erfordert der glaub, das wir nicht halten sollen, als ob die todten gar nichts mehr weren, sonder das sie warhafftig vor Gott leben, ja die frummen säligklich in Christo, die gottlosen aber in grausamen schrecken, darinn sie erwarten der offenbarung des strengen urteil Gottes.

Es erfordert auch die liebe, das wir den abgestorbnen, alle růwe und säligkeit in Christo wünschen.

Zů dem, so sindt wir schuldig unsere abgestorbne zůr ehrlichen begrebnuß, so vil es gsein mag, auch die zeit und der menschen gelegenheit erleidet, zů bestätigen, das wir darmit die hoffnung unserer urstendt[37] bezeugen. Darumb achten wir es sei nutzlich, das man bei den begrebnussen oder leichten[38], auß der heiligen schrifft fürlese, unnd predige was zů sterckung des glaubens im schrecken des todts, und zů bestetigung der hoffnung der urstendt, dienstlich ist.

Es ist aber kein kuntschafft der rechten waren Prophetischen unnd Apostolischen leer vorhanden, das man den todten, mit den gewonlichen vigilien, gebetlin und opffern, zů hilff kommen, oder von derselben verdienst wegen eintweder sie auß der peen erlösen, oder ihnen ein grössere säligkeit im himmel erwerben mög.

Dann es ist nur ein einiger verdienst des ewigen lebens, und ist nur ein einig stuck, dardurch wir erlöset und errettet werden, nämlich das leiden und der todt unsers HERRN Jesu Christi. Unnd diser verdienst würdt unser eigenthumb, so wir glauben in Christum, er würdt aber uns gantz frembd, so wir dem Euangelio Christi nicht glauben.

37 Auferstehung
38 Leichenbegängnisse

*Ioannis 3*[, 17s].

Non misit Deus filium suum in mundum, ut condemnet mundum, sed ut salvetur mundus per ipsum. Qui credit in eum, non condemnatur. Qui autem non credit, iam condemnatus est, quia non credit in nomen unigeniti filii Dei.

Quare si quis ex hac vita in fide Christi excesserit, omne habet meritum Christi, nec indiget alieno. Deus enim, qui donat filium suum, donat etiam cum eo omnia, ut Paulus ait [Röm 8, 32]. Qui autem hinc emigraverit sine Christo, nullis potest hominum meritis iuvari, quia sine Christo nulla est salus.

*Cyprianus contra Demetri. tract.1*[61].

Quando isthinc excessum fuerit, nullus iam locus poenitentiae est, nullus satisfactionis effectus; hic vita aut amittitur, aut tenetur; hic saluti aeternae cultu Dei et fructu fidei providetur.

*Hieronymus in epistolam ad Gala. cap. 6*[62].

Obscure licet docemur per hanc sententiolam novum dogma, quod latitat, dum in praesenti saeculo sumus, sive orationibus, sive consiliis posse nos invicem coadiuvare. Cum autem ante tribunal Christi venerimus, non Iob, non Daniel, nec Noe rogare posse pro quoquam, sed unumquemque portare onus suum.

Nam quod ex Machabaeis citatur, sacrificia pro peccatis mortuorum esse oblata [2 Makk 12,43], dubitat autor ipse libri in fine eius, num recte scripserit, ac precatur veniam, sicubi

61 Cyprian, Ad Demetrianum 25. CChr SL 3A, 50, 502-505.

62 Hieronymus, In ep. ad Galatas cap. 6. PL 26, Sp. 457 s. Vgl. Decretum c. XIII, 2, c. 19 (Friedberg I, Sp. 727).

*Joannis iii.*

Gott hat sein Son nicht darumb in dise welt geschickt, das er die welt verdamme, sonder das die welt durch in sälig werde, wölcher an in glaubet, würdt nicht verdampt, wölcher aber nicht glaubt, der ist schon verdampt, dann er glaubt nicht in den namen des eingebornen Son Gottes.

Darumb wölcher auß disem leben, in dem glauben Christi, verscheidet, der hat den gantzen verdienst Christi, unnd bedarff keins andern verdiensts, dann Gott der im sein Son geschenckt, der übergibt im auch mit dem selben alles, wie Paulus sagt.

Wölcher aber von hinnen on Christum verscheidet, dem kan mit keinem menschlichem verdienst geholfen werden, dann ausserhalb Christo ist kein heil.

*Cyprianus.*

Wann man von hinnen abgeschiden ist, so hat die bůß kein raum mehr, und hilfft auch kein gnůgthůn mehr, hie in diser zeit verleuret[39] man, oder erhelt das leben. Hie in diser zeit kan man der ewigen säligkeit, durch gottis gehorsam, und frucht des glaubens, rhat thůn[40]

*Hieronymus.*

Dises sprüchlin leeret uns, wiewol etwas dunckel, ein newe verborgene leer, nämlich das wir uns, dweil wir noch in diser welt leben, mit betten und rhaten einander helffen mögen. Wann wir aber kommen für den Richterstůl Christi, so kan weder Job, noch Daniel, noch Noe, für jemands bitten, sonder es můß ein jetlicher sein bürde selbs tragen.

Es würdt wol auß dem bůch der Machabeer fürgewendet, das man habe für die sündt der todten geopfert, so zweifelt doch der Schreiber desselben bůchs, am endt, ob er recht geschriben hab, und bittet man soll ihm verzeihen, wa er geirret

39 verliert
40 fördern, helfen.

erraverit [vgl. 2 Makk 15,38-40]. Demus ergo ei veniam, quod sine ulla divinae scripturae autoritate affirmet, mortuos solvi a peccatis, sacrificiis et orationibus vivorum.

Et Tertullian[us] dicit[63]: Oblationes pro defunctis annua die fieri, sed hoc aut receptum fuit sine autoritate verbi Dei, ex moribus Ethnicorum, sicut multa alia, aut nomine oblationis intelligenda est, publica commemoratio defunctorum in fide Christi, et gratiarum actio pro beneficiis, quae Deus in ipsos contulerit.

## [Art. 22]

## De purgatorio.

Etsi dubitari non debet, quin suus sit sanctis in hac vita purgatorius ignis, quemadmodum testantur exempla Davidis, Ezechiae, Ionae et aliorum, tamen haud immerito dubitatur, num post hanc vitam tale sit purgatorium, quale vulgus hominum putat, in quo animae tantisper crucientur, dum vel supplicio satis pro peccatis faciant, vel indulgentiis redimantur.

Si enim tale est purgatorium, valde mirandum videtur, quod nec Prophetica nec Apostolica scripta, aliquid certi et perspicui de eo tradiderint, sed potius diversum haud obscure doceant.

*Marci ultimo* [16, 15 s.].

Praedicate Euangelion omni creaturae, qui crediderit et baptizatus fuerit, salvus erit, qui vero non crediderit, condemnabitur.

Hic ponuntur duo ordines hominum, unus eorum, qui credunt Euangelio, et hi pronunciantur salvi, alter eorum, qui non

63 Tertullian, De corona, cap. 3. CChr SL 2, 1043, 22 s.: oblationes pro defunctis, pro natalitiis annua die facimus.

hab. So wöllen wir ihme gleich verzeihen, das er on grundt der heiligen Göttlichen schrifft sagen darff, die todten mögen durch opffer und furbit der lebendigen, von den sünden erlediget werden.

So sagt auch Tertullianus, das man järlich für die todten opffere, aber das ist eintweder von dem brauch der Heiden, on grundt Göttlichs worts angenommen worden, oder ist durch das wort opffer zů versteen, die gedächtnuß der abgestorbenen in Christo, so offenlich ist gehalten worden, und die dancksagung, die mann von wegen der gůtthat, so Gott inen bewisen, gethon hat.

[Art. 22]

## Von dem Fegfewr.

Wiewol man nicht zweiffeln soll, das die heiligen in disem leben ein fegfewr haben, wie die Exempla David, Ezechie, Jone, und etlicher anderer bezeugen, So würt doch nicht unbillich gezweiffelt, ob nach disem leben, ein sollich Fegfewr sei, wie der gmein hauff haltet, darinn die Seelen so lang geplagt sollen sein, biß sie eintweder durch ire pein, für die sünd gnůg thůn, oder durch Ablaß erlößt werden.

Dann wann je ein sollich Fegfewr ist, so ist sich hoch zů verwundern, das das weder die Prophetisch noch Apostolisch Schrifft etwas gwiß und lauter davon meldet, sonder vil mehr das widerspil offenlich leeret.

*Marci am letsten.*

Predigt das Euangelion aller Creatur, wer do glaubt unnd getaufft würdt, der würt selig, wer aber nicht glaubt, der würdt verdampt.

Hie werden die leut in zwei teil underschiden, das ein teil ist deren so dem Euangelio glauben, und dise werden sälig gesprochen. Der ander teil ist deren, so dem Euangelio nicht

credunt Euangelio et hi pronunciantur damnati. Inter hos non est aliquod medium. Aut enim excedis ex hac vita in fide Iesu Christi, tunc habes remissionem omnium peccatorum, propter Christum, et imputatur tibi iustitia Christi. Quare qui Christo comitatus in mortem ingreditur, ei nihil deest ad consequendam veram et aeternam vitam. Qui autem hinc sine Christo emigrat, ingreditur in perpetuas tenebras.

Ac si, praeter hos duos ordines, alius esset tertius quispiam status animarum in altero saeculo, certe Paulus, qui ad Paradisum et in tertium coelum raptus erat et multa arcana viderat [vgl. 2 Kor 12, 2-4], non invidisset Ecclesiae hanc cognitionem. Ecce autem cum ad Thessalonicenses ex professo de Christianis dormientibus scriberet [vgl. 1 Thess 4, 13-17], nullam prorsus facit mentionem alicuius purgatorii, sed iubet potius, ne contristemur, sicut et caeteri, qui spem non habent. Itaque si talis esset quispiam animarum status in altero saeculo, qualem vulgus cogitat, non potuisset Paulus teneri, quo minus loco tam opportuno, hunc animarum statum perspicue explicuisset et Ecclesiae rationem praescripsisset, qua posset miseras animas a cruciatu suo liberare.

Sed et vetus ac vere Catholica Ecclesia aperte significavit, sibi de hoc tertio genere status animarum, in altero saeculo nihil certi constare.

*Chrysostomus in contione secunda de Lazaro*[64].

Si quid cui rapuisti, redde, et dicito iuxta Zachaeum, do quadruplum, si quid rapui [Lk 19,8]; si cui factus es inimicus, reconciliare priusquam veneris ad iudicium. Omnia hic dissolve, ut citra molestia illud videas tribunal. Donec hic fueri-

64 Chrysostomus, In contione secunda de Lazaro. PG 48, Sp. 985.

glauben, und dise werden verdampt gesprochen. Zwischen disen zweien partheien ist kein mittel, dann eintweder du verscheidest auß disem leben im glauben Jhesu Christi, so hastu verzeihung aller sünd, von Christi wegen, und würdt dir die gerechtigkeit Christi zůgerechnet. Darumb wölcher Christum zů einem mitgferdten[41] hat, und gehet mit im in todt, dem mangelt nichts zů erlangen das war ewig leben. Welcher aber on Christo abscheidet, der gehet in die ewig finsternus.

Und so ausserthalb diser zweien partheien, noch ein dritte der seelen in der andern welt were, so würdt freilich Paulus, der in das Paradiß, und in dritten himmel verzůckt, und vil heimlichs gesehen hat, dasselb der kirchen getrewlich zů wissen gethon haben.

Nun sihe aber zů, da er zů den Thessalonichern, außtrucklich und fürsetzlich von den Christen, die entschlaffen seindt, schreibet, so gedenckt er gar keins Fegfewrs, sonder bevilhet vil mehr, das wir nicht trawren, wie die andern, so kein hoffnung haben. Darumb wann es in der andern welt ein solche gstalt mit den seelen het, wie der gmein hauff gedenckt, so hette sich Paulus, dweil es die gelegenheit gabe, nicht enthalten mögen, den selben standt der seelen deutlich zů erklären, und der kirchen weiß und weg fürzůschreiben, welcher gstalt die armen seelen, von irer pein erlößt werden möchten.

So hat auch die Alt unnd recht Catholisch kirch offenlich zů versteen geben, das ihr von disem dritten standt der seelen in jhener welt nichts gwiß bewußt sei.

*Chrysostomus.*

Hastu einem etwas geraubt, so gibe es im wieder, und sag wie Zacheus, hab ich etwas geraubt, so gib ichs vierfeltig wider. Bistu einem feindt worden, versöne dich widerumb, ehe du kommest zů dem gericht, bezale es hie alles, damit du jhenen richterstůl on beschwerdt sehen mögest, so lang wir hie seind,

[41] Mitgefährten

mus spes habemus praeclaras, simul atque vero discesserimus illac, non est postea in nobis situm poenitere, neque commissa diluere.

*Et iterum*[65].

Neque enim, qui in praesenti vita peccata non abluerit, postea consolationem aliquam inventurus est.

Augustinus etsi ponit inter valde bonos et valde malos, medios quosdam, quorum alteris videtur locum purgatorium assignare, tamen de ea re alias dubitat, nec quicquam certi definit[66]. De hac igitur sententia Augustini sentiendum erit, quod ipse exigit, videlicet ut id recipiamus, quod vel autoritate scripturae, vel probabili ratione, confirmatum fuerit. Manifestum autem est, quod quae dicta scripturae ad stabiliendum purgatorium citari solent[67], a genuino suo sensu ad alienum torqueantur, et ab ipsis etiam veteribus interpretibus longe aliter exponantur. Et quas Augustinus habet sententiae suae rationes, hoc fundamento niti videntur, quod consequamur remissionem peccatorum et vitam, non tantum propter Christum per fidem, sed etiam propter merita nostrorum operum. Sed quam conveniat hoc cum vera Apostolica doctrina supra indicavimus. Quare arbitramur, hanc theorian de igne purgatorio suis autoribus relinquendam esse, et hoc maxime omnium agendum, ut quod Paulus monet, confirmemus nos invicem sermonibus [vgl. 1 Thess 4, 18] de certa spe resurrectionis et salutis nostrae in Christo Iesu, propter quem Deus credentibus ita favet, ut conservet ipsos in media morte, et donet eos vera tranquillitate.

65 Die Memminger Handschrift verweist laut Bizer, Anm. 58, auf: Chrysostomus, Ad Hebr. Hom 4. cap. 11. Diese Ausgabe läßt sich jedoch nicht verifizieren.

66 Augustinus, Ench. ad. Laur. 67-69; 109. CChr SL 46, 85-87. 108.

67 Die katholische Lehre vom Fegfeuer beruft sich auf 2 Makk 12, 40; Tob 4, 19; 1 Kön 31, 13; Mt 12, 32; 1 Kor 3, 11 f.; 15, 29; Mt 5, 25 f.; Lk 12, 10; 16, 9 u. a.

haben wir grosse hoffnung, so bald wir aber dorthin kommen, so stehet es nicht mehr zů uns, bůß zů thůn, oder die begangne sünd abzůwäschen.

*Und abermals.*

Welcher in disem gegenwürtigem leben, sein sünd nicht abgewäschen hat, der würdt hernach kein trost mehr finden.

Unn wiewol Augustinus setzt, zwischen den gar frummen und gar bösen, etlich mittelmessig, denen er zům teil das fegfewer eingeben will, so zweifelt er doch sonst selbs an diser sach, und schleußt nichts gwiß darvon. Darumb sollen wir von diser meinung Augustini eben das halten, das er selbs erfordert, nemlich, das wir allein annemen, was mit grundt der heiligen schrifft, oder mit glaubwirdigen ursachen, bewisen werden mag.

Nun ist es offenwar, das die sprüch der heiligen schrifft, so zůr bestetigung des fegfewrs eingefüret, von ihrem rechten verstandt, auff ein frembden gezogen, ja auch von den alten scribenten, selbs anderst außgelegt werden.

Und die ursachen, so Augustinus seiner meinung hat, lassen sich ansehen, als stehen sie auff disem grundt, das wir erlangen verzeihung der sünden und das leben, nicht allein von wegen Christi, durch den glauben, sonder auch von wegen der verdienst unserer werck.

Wie sich aber dises mit der rechten Apostolischen leer reime, ist oben angezeigt, darumb halten wir, das man dise phantasei vom Fegfewer, denen die es erdacht haben, lassen soll. Wir sollen aber fürnemlich darauff arbeiten, das wir uns undereinander trösten sollen, wie uns Paulus ermanet, mit Christenlichem gesprech von der gwissen hoffnung, unser urstendt und seligkeit in Christo Jesu, von wölches wegen Gott den glaubigen also gnädig ist, das er sie auch mitten im todt erhalte, unnd begabe sie mit der rechten waren seligkeit.

## [Art. 23]

## De votis monasticis.

Non est dubium, quin vota pia, iusta et legitima, sint servanda ac solvenda, et vota impia sint rescindenda.

Sed haud immerito disputatur, in quo votorum genere collocanda sint vota monachorum, de virginitate seu coelibatu, paupertate et obedientia.

Nam manifestum est, quod coelibatus non sit verbo Dei praeceptus. Manifestum etiam est, quod etsi coelibum status sit in publicis periculis tranquillior, et ad peragenda publica ministeria Ecclesiae his, qui non uruntur [vgl. 1 Kor 7,9], aptior et accommodatior, tamen non est sentiendum, quod hoc genus vitae per se sit coram tribunali Dei excellentius et sanctius, quam coniugium.

Sicut enim in Christo non est Iudaeus, neque Graecus, non servus, neque liber, ut Paulus ait [Gal 3,28], ita in Christo, nec est coelebs, nec maritus. Et quemadmodum in Christo Iesu circumcisio nihil est, praeputium nihil est, sed observatio mandatorum Dei et nova creatura [vgl. Kol 6,15], ita et coelibatus nihil est, coniugium nihil est, sed in Christo Iesu renatum esse et Christi vocationi obedire.

In concilio Gangrensi extat Canon[68], si quis, inquiens, ex his qui virginitatem propter dominum servant, extollitur adversus coniugatos, anathema sit.

Et alius Canon[69] dicit: Si quis virorum propter continentiam, quae putatur, amictu pallii utitur, quasi per hoc habere se

68 Decretum D. 30, c. 4 (Friedberg I, Sp. 108).

69 Decretum D. 30, c. 15 (Friedberg I, Sp. 109s.). Hier lautet der Canon: Si quis virorum putaverit sancto proposito (Id est continentiae) convenire, ut pallio utatur, tamquam ex eo iustitiam habiturus et reprehendat vel iudicet alios, qui cum reverentia birris utuntur et alia veste communi, quae in usu est, anathema sit.

## [Art. 23]

# Von Closter Glübden.

Es ist kein zweifel das man die Göttlichen rechten und ordenlichen glübdt, halten und außrichten, die ungöttlichen aber underlassen soll.

Aber es würdt nicht unbillich disputiert, warunder der Münch glübdt, von der keuschheit, armůt, und gehorsam, zů rechnen seindt.

Dann es ist offenwar, das der Eeloß standt, durch Gottis wort nicht gebotten ist.

So ist es auch offenwar, wiewol der Eeloß standt in gmeinen gfärden[42] etwas růwiger, und zů verrichten die gmeinen kirchendienst, denen so die gab der keuscheit haben, bequemer und gelegner ist. Jedoch, soll mann nicht darfür halten, das diser standt für sich selbs vor Gottes Richterstůl höher unnd heiliger sei, dann der Eelich standt.

Dann, gleich wie in Christo kein Jud, kein Griech, kein knecht noch Freier gilt, wie Paulus sagt, Also gilt auch in Christo weder lediger noch Eeman, Wie auch in Christo Jesu weder beschneidung noch vorhaut etwas gilt, sonder Gottes gebott halten, und ein newe Creatur. Also gilt auch weder ledig noch Eelich standt, sonder in Jhesu Christo new geborn, und Gottes berůff gehorsam sein.

Im Concilio Gangrensi steet ein Canon, der sagt also: Wölcher under denen, so die Junckfrawschafft von des HERRN wegen halten, sich wider die Eeleut überhebt, der sei verflůcht.

Und ein ander Canon sagt: Wann man ein mann, sich von vermeinter Keuscheit wegen, eins mantels oder einer kutten

42 Gefahren

iustitiam credens, et despicit eos, qui cum reverentia birris et aliis communibus et solitis utuntur, anathema sit.

*Et August. de bono coniugali cap. 21*[70].

Non audet virginitatem Baptistae praeferre coniugio Abrahae.

Quare qui vovet virginitatem, vel coelibatum, aut vovet eum, ut singularem cultum Dei, tunc quia status coelibum non est verbo Dei mandatus, pertinet hoc votum ad mandata hominum, de quibus Christus dicit: Frustra colunt me, docentes doctrinas, praecepta hominum [Mt 15,9]. Aut vovet eum, ut meritum remissionis peccatorum et vitae aeternae, tunc est manifeste impium votum, cui nullus est obnoxius.

Nihilo rectius est paupertatem vovere. Aut enim conditione pauper es et nihil terrenarum facultatum possides, tunc haec crux, divinitus tibi imposita, patienter est ferenda, quam si praeterea voves, nihil aliud facis, quam si in morbo voveas, te perpetuo aegrotaturum, vel in infamia, te perpetuo fore infamem. Quod genus voti furor magis est, quam pietas. Aut possides facultates et voves te iis relictis, acturum vitam pauperem, ut victum quaeras mendicitate, et consequaris, huius voti merito, vitam aeternam; tunc hoc votum, primum quidem pugnat cum charitate proximi, quae exigit, ne cui sis praeter necessitatem, mendicimonio molestus; deinde pugnat cum fide in Christum, quod is solus sit meritum aeternae vitae. Manifestum igitur est, hoc genus voti esse illegitimum et impium.

[70] Augustinus, De bono coniguali, cap. 21. CSEL 41, 221, 18-23. Vgl. auch cap. 22 S. 221, 24-223, 22.

gebraucht, als solt er dardurch die gerechtigkeit haben, und veracht die andern, so sich der kütteln, und anderer gmeiner gebreuchlichen kleidung ehrlich gebrauchen, der sei verflůcht.

So ist Augustinus nicht so keck, das er die Junckfrawschafft Joannis des Teuffers, höher unnd heiliger halte, dann den Eestandt Abrahe.

Hierauff wölcher die Junckfrawschaft, oder den ledigen stand gelobt, der gelobt in eintweder, als ein sonderlichen Gotsdienst. Nach dem nun der ledig standt durch Gottis wort nicht gebotten ist, so gehöret sollich glübdt under der menschen gebott, von wölchen Christus sagt: Sie dienen mir vergeblich, dweil sie leeren solche leer, die nichts denn menschen gebott sindt.

Oder er globet den ledigen stand als ein verdienst der verzeihung der sünden, und des ewigen lebens, so ist es offentlich ein Gottloß glübdt, das niemand zů halten verpflicht ist.

Also ists auch nicht recht, armůt zů geloben. Dann eintweder bist du deins stands oder herkommens halben arm, unnd besitzt nicht zeitliche güter, so soltu das Creutz, das dir von Gott auffgelegt ist, gedultigklich tragen. Und so du über das die armůt globest, thust du nichts anders, dann so du in der kranckheit globen wöllest, für und für kranck zů sein. Oder so du ein böß gschrei[43] hast, globen wöllest, dein lebenlang ein böß geschrei zů haben, und ehrloß zů sein, wölche glübdt mehr ein unsinnigkeit dann ein Gotsdienst sindt.

Oder hast zeitliche güter, und globest, du wöllest sie verlassen, in armůt leben, und dich mit dem bettel erneeren, das du auß verdienst dises glübdts, das ewig leben erlangest. Alßdann so ist diß glübdt stracks wider die liebe des nächsten, wölche erfordert, das du ausserthalb der not, niemandts mit betteln beschwerlich sein sollest. Darnach ists auch wider den glauben in Christum, nach dem Christus allein ist der verdienst des ewigen lebens, Darumb ists offenwar, das sollich glübdt, ein unrecht gottloß glübdt sei.

43 Ruf

Facultates tuas autem sic deserere, ut eas in commune conferas, non est paupertatem sectari, sed de certiori et copiosiori victu tibi prospicere. Qui qualis sit coram Deo cultus, obscurum esse non potest.

Obedientia vero, aut refertur ad Deum, tunc non est arbitrarii voti, sed debitae necessitatis; de qua obedientia dicitur, melior est obedientia, quam victimae [1 Sam 15,22]. Aut refertur ad hominem, tunc sua sunt obedientiae officia, quae subditus magistratui, liberi parentibus, servi dominis, discipuli praeceptoribus debent. Haec sive voveantur, sive non voveantur, certe divinitus exiguntur, sed hac conditione, ut semper deo magis obediamus, quam hominibus [vgl. Act 5,29].

Vovere autem homini obedientiam, sine certa vocatione Dei, ut operibus talis obedientiae, non solum praestes Deo singularem cultum, sed etiam expies coram Deo peccata tua, supervacaneum est, quia Christus dicit: Frustra se coli humanis traditionibus et impium [Mt 15,9], quia solius Christi obedientia, quam praestitit Deo patri suo, expiavit peccata nostra et reconciliavit nos cum Deo.

Ex his omnibus manifestum est, quod genus vovendi coelibatus, paupertatis et obedientiae, non consentiat cum doctrina vere catholica, praesertim cum quidam non sint veriti hoc vovendi genus aequare Baptismo[71].

[71] Nachweise zu dem häufigsten Vergleich zwischen Profeß und Taufe s. BSLK S. 112, Anm. 1 und S. 461, Anm. 5.

Wann du aber deine zeitliche güter also verlassest, das du sie zů einem gmeinen hauffen tragest, So heißt es nicht die armůt auff sich nemen, sonder es heist sich selbs mit gwisser und völliger narung versehen. Was aber das für ein Gotsdienst sei, das kan ein jetlicher, auch gerings verstandts, wol erachten.

Sovil aber den gehorsamen belanget, der würdt eintweder gegen Gott gerechnet, als dann so steet es nicht in des menschen freien willen inen zů globen, sonder man ist in auß notdurfft schuldig zů leisten. Von wölchem gehorsam geschriben ist, der gehorsam ist besser dann das opffer, oder würdt gerechnet gegen einem menschen, als dann, so seindts sonderlich dienst des gehorsams, die ein Underthon seiner Oberkeit, die kinder iren Eltern, die knecht iren Herren, die schůler irem leermeister schuldig sind. Dise dienst, man globe sie, oder globe sie nicht, so werden sie von Gott erfordert, doch mit disem geding[44], das man allwegen Gott mehr gehorsam sein soll, dann den menschen.

Aber einem menschen on sonderlichen berůff Gottes, gehorsam zů sein geloben, das du mit den wercken dises gehorsams, nicht allein ein sonderlichen gotsdienst verrichtest, sonder auch vor Gott dein sünd büssest, das ist vergebens, dweil Christus sagt, man diene im vergebens mit menschen leer. So ist es auch unrecht, und Gottloß, dweil der einig gehorsam Christi, den er seinem vatter bewisen, unser sündt gebüßt, und uns mitt Gott versönet hat.

Auß disem allem ist offenwar, das sich die glübdt, des Eelosen stands, der Armůt und des gehorsams, mit der rechten waren Catholischen lehr nicht reimen, fürnemlich auch diser ursach halben, das etlich unverschampt sollich globen, dem Tauff vergleichen.

44 Bedingung

## [Art. 24]

## De horis canonicis.

Augustinus scribit alicubi[72]: Ambrosium Episcopum Mediolanensem instituisse, ut coetus Ecclesiae cantaret Psalmos, quibus sese mutuo in expectatione malorum consolarentur, et ad ferendam crucem exuscitarent, ne populus, inquit, moeroris taedio contabesceret. Hic cantus, quia factus est lingua vulgo nota, et habuit pium usum, commendatione dignissimus erat.

Et ex Decretis Canonicis[73] apparet, horas, quas vocant canonicas, fuisse ordinationes temporum, quibus percurrenda esset publice, singulis annis, universa sacra scriptura, quemadmodum in scholis suae solent horae explicationibus autorum constitui. Talis horarum distributio fuit fortassis suo tempore non inutilis et per se non est damnanda.

Sed instituere singulare genus sacerdotum, ad cantandas horas Canonicas, et canere eas aliena lingua, quae vulgo Ecclesiae non sit nota, aut vernacula et quidem alicubi noctu, diuque, sine ulla intermissione, succedentibus subinde sibi aliis atque aliis cantoribus, ac facere hoc sacrum, non ut per patientiam et consolationem scripturarum spem habeamus, quemadmodum Paulus ait [Röm 15, 4], sed ut merito huius operis mitiges iram Dei, et expies peccata hominum coram Deo, hoc demum pugnat cum sententia verae Catholicae Ecclesiae.

*1. ad Corinth. 14* [, 26].

Cum convenitis, unusquisque vestrum psalmum habet, doctrinam habet, Apocalypsin habet, linguam habet, interpretationem habet, omnia ad aedificationem fiant.

72 Augustinus, Conf. lib. 9, c. 7. CChr SL 27, 142, 10-14.

73 Decretum D. 5 c. 13-16, de cons. (Friedberg I, Sp. 1415 f.) und Decretales Gregor. IX. 1. III. Tit. 41 (Friedberg II, Sp. 635).

[Art. 24]

# Von dcn siben zeiten.

Augustinus schreibt, das Ambrosius Bischoff zů Meilandt angericht hab, in der Kirchen Psalmen zů singen, das die leut dardurch in gfärlichen zeiten sich trösten, und einander das creutz gedultigklich zů tragen auffwecken, das das volck (spricht er) von trawrigkeit nicht verschmacht. Solchen gsang, nach dem er in bekannter sprach geschehen, und nutzlich gebraucht ist worden, soll man billich rümen.

Es scheinet auch auß den Decreten des geistlichen Rechts, das die horae canonicae (wie man sie nennet) seien ordentliche außtheilung der zeit gewesen, darinn man järlich hat sollen die gantz heilig schrifft, offenlich in der kirchen durchlauffen, wie man dann in den Schůlen die stundt zům lesen und exponiern außtheilet, solche außtheilung der stundt, ist villeicht zů seiner zeit nicht unnutzlich gewesen, ist auch an im selbs nicht zů verwerffen.

Das man aber sonderlich Priester bestelt, die horas canonicas zů singen, und singet sie in frembder sprach, so dem gmeinen man unbekannt, und nicht sein Můtter sprach ist, ja auch an etlichen orten, tag unnd nacht on underlaß, da ein rott cantores gleich auff die ander angehet, und thůt diser Gotsdienst nicht, das wir durch gedult, unnd trost der schrifft, hoffnung haben, wie Paulus sagt, Sonder das du durch den verdienst dises wercks, Gottes zorn versönest, und der leut sünde vor Gott büssest, das ist doch gar wider die meinung, der rechten waren Catholischen Kirchen.

*I. Cor. xiiii.*

Wenn ir zůsamen kompt, so hat ein jetlicher Psalmen, er hat leere, er hat zůngen, er hat offenbarung, er hat außlegung, lasset es alles geschehen zůr besserung.

*Hierony. in epistolam ad Eph. cap. 5*[74].

Cantantes et psallantes in cordibus vestris DOMINO [Eph 5, 19]. Audiant haec adolescentuli, audiant hi, quibus psallendi in Ecclesia officium est, Deo non voce, sed corde psallendum, nec in tragoedorum modum, guttur et fauces dulci medicamine colliniendas, etc.

Quod autem iam dictum est, de usu linguae vulgo notae, intelligendum est, non tantum de cantu psalmorum, sed etiam de omnibus partibus Ecclesiastici ministerii. Sicut enim conciones et precationes lingua Ecclesiae nota habendae sunt, ita et sacramenta noto sermone dispensanda sunt. Etsi enim licebit aliquoties peregrina lingua propter studiosos uti, tamen consensus Catholicae Ecclesiae hoc exigit, ut necessaria ministeria Ecclesiae fiant sermone vernaculo.

*1. ad Corinth. 14* [, 19].

In Ecclesia quinque volo verba mente mea loqui, ut et alios instituam, potius quam decem milia verborum lingua.

*Innocentius tertius de offi. iud. ord. c. quoniam*[75].

Quoniam in plerisque partibus infra eandem civitatem atque dioecesim, permixti sunt populi diversarum linguarum, habentes sub una fide varios ritus et mores, districte praecipimus, ut pontifices huiusmodi civitatum sive dioecesium, provideant viros idoneos, qui secundum diversitates rituum et linguarum, divina illis officia celebrent, Ecclesiastica sacramenta ministrent, instruendo eos verbo pariter et exemplo.

74 Hieronymus, In ep. ad Eph., cap. 2. PL 26, Sp. 562.

75 Decretales Gregor. IX. 1. 1 Tit. 31 c. 14 (Friedberg II, Sp. 191 f.) Restitutum ex Conc. Lateran. IV. hab. ao. 1215 c. 9.

*Hieronymus.*

Singet unnd Psalliert dem HERRN in ewerem hertzen. Da sollen die jungen Gesellen auffmercken, da sollen die auffmerkken, deren ampt ist in der kirchen zů singen, das man dem HERRN Gott, nicht mit der stimm, sonder mit dem hertzen recht Psalliere, unnd das man den hals und die kehlen nicht mit süsser ertznei, wie die Spilleut, schmieren soll.

Was aber jetz von dem gebrauch der gmeinen bekannten sprach gesagt, das ist nicht allein, von dem gsang der Psalmen, sonder auch von allen stucken im kirchen ampt[45] zů versteen.

Dann gleich wie man die Predig, und das gebett, in der sprach so der kirchen bekannt ist, halten soll, also soll man auch die Sacrament in bekannter sprach außteilen. Dann wiewol mann zů zeiten sich frembder sprach, von der schůler wegen, gebrauchen mag, jedoch so ist doch der Catholischen kirchen will unnd meinung, das man die notwendige ämpter der kirchen, mit der můtter und bekannter sprach verrichten soll.

*I. Cor. xiiii.*

Ich will in der Kirchen lieber fünfft wort reden verstentlich, das ich auch andere underweise, dann sunst zehentausent wort mit zůngen.

*Innocentius. iii.*

Nach dem an vilen orten, die leut mit mancherlei sprachen, in einer einigen Statt und Bistumb undereinander vermischt seindt, Und haben in einerlei glauben mancherlei gebreuch und gwonheit. So bevelhen wir ernstlich, das die Bischöff solcher Stett, oder Bistumb, geschickte tauglich männer überkommen, die inen die Göttlichen ämpter, nach irem mancherlei gebrauch und sprachen verrichten, die heiligen Sacrament reichen, und sie beid mit predigen und gůten exempeln underweisen.

[45] Gottesdienst

Quare pie et Catholice facere dicendi sunt hi, qui dispensationem sacramentorum, carmina psalmorum et lectiones sacrae scripturae, sic constituunt, ut Ecclesia intelligat quod dicitur, legitur et canitur, et fructum spiritus ad consolandam mentem et confirmandam fidem, ac excitandam charitatem capiat.

## [Art. 25]

## De ieiunio.

Ieiunium habet suam laudem et usum. Non est autem nobis nunc sermo, vel de necessario ieiunio, cum necesse habes ob inopiam cibi ieiunare, vel de allegorico ieiunio, quod est ab omnibus vitiis abstinere, sed est sermo de duobus usitatis generibus ieiunii, quorum aliud est ieiunium perpetuum. Haec est sobrietas, quae semper toto vitae tempore, in cibo et potu servanda est. Nunquam enim licet heluari et crapulam ac ebrietatem sectari. Aliud est ieiunium diarium, cum aliquoties toto die abstinetur a cibo, quale usitatum fuit in veteri testamento, Levi. decimo sexto [, 31]. Et testantur exempla Iosaphat [2 Chr 20, 3], Ninivitarum [vgl. Jon 3, 5] et alia. Hoc genus ieiunii receptum est etiam in usum, post divulgationem Euangelii, ut apparet ex Actis Apostolicis capite decimo tertio et decimo quarto [Act 13, 3; 14, 23]. Secuta autem est postea magna varietas observationis id genus ieiunii in Ecclesiis. Sed haec varietas, sicut non attulit Ecclesiae ullum incommodum, ita testificata est, libertatem usus huius ieiunii. Et extat apud veteres observabile dictum de hac varietate: Ieiuniorum, inquiunt, discrepantia non rumpit fidei consonantiam. [Am Rand: *Irenaeus in Ecclesiast. histo. lib. 5. ca. 24. varia fuit observatio ieiunorum*[76].]

Etsi autem nonulli sentiunt, Christum dedicasse exemplo suo ieiunium quadragesimale[77], tamen manifestum est, quod

[76] Irenäus bei Euseb, eccl. hist. lib. 5, cap. 24. GCS Eusebius 2, 2, S. 495 ff.
[77] Chrysostomus, In Gen. cap. 2, hom. 11. PG 53, Sp. 92.

Darumb, handeln dise Gottes und der Catholischen kirchen meinung gmeß, so die außtheilung der Sacrament, die gsang der Psalmen, und die Lection der heiligen schrifft, diser gstalt verordnen, das die kirch verstehe, was man sagt, lißt und singt, und die frucht des heiligen Geists, zů trost ires hertzen, zů stercken ihren glauben, unnd zů erwecken die liebe, darvon erholen.

[Art. 25]

## Von dem fasten.

Die fast hat ir lob und gebrauch, wir reden aber jetzt nicht von dem notwendigen fasten, da du auß mangel der narung fasten můst. So reden wir auch nicht von dem geistlichen fasten, wölches ist, sich von allen lastern zů enthalten, sonder wir reden von den zweien gepreuchlichen fasten, deren das ein unser lebenlang weren soll. Das ist ein nüchter wesen, das wir allwegen weil wir hie auff erden leben, beid in essen und trincken halten sollen. Dann es ist uns nimmer erlaubt füllerei und fresserei zů treiben.

Das ander fasten tregt sich sonst täglich zů, nämlich, das man zů zeiten sich ein gantzen tag von der speiß enthalte, wie im alten Testament gebreuchig gewesen ist. Leuit xvi. Wie auch die Exempla Josaphat, der Niniviter, und anderer bezeugen. Dise weiß zů fasten, ist auch nach dem das Euangelion in die gantzen welt außgebreitet im brauch gwesen, wie auß den Actis Apostolorum Cap. xiii. und xiiii. erscheinet, hernach aber hat man mancherlei weiß zů fasten in der kirchen gehalten, aber solche mancherlei weiß zů fasten hat der kirchen also gar kein nachteil gebracht, das sie auch den freien gebrauch des fastens bezeuget hat. Und ist hievon noch bei den alten ein treffenlicher spruch, da sie sagen: Des fastens zwitrechtigkeit, zerrüttelt nicht des glaubens einigkeit.

Wiewol nun etlich darfür halten, Christus hab mit seinem Exempel die viertzigtägig fasten eingeweicht, jedoch ists offen-

Christus non mandaverit hoc ieiunium, nec rerum natura ferat, ut exemplum ieiunii Christi, qui totis quadraginta diebus et noctibus, ab omni cibo et potu abstinuit, imitemur. [Am Rand: *Chrysost. duobus tantum diebus in hebdomada ieiunabant per quadragesimam, in Gen. ca. 2. hom. 11.*]

Et non obscure significat Eusebius[78], usum huius quadragesimalis ieiunii fuisse in Ecclesia liberrimum.

*Dicit et Chrysostomus in Gene. cap. 2. hom. 11*[79].

Si ieiunare non potes, potes tamen abstinere a delictis. Hoc autem non minimum est, nec a ieiunio multum distans, sed ipsum quoque diaboli furorem prosternere idoneum.

Nec erat institutus delectus ciborum, quod Apostolus dixisset: Mundis omnia esse munda [Tit 1,15].

Sed in talium ieiuniorum observatione, maxime omnium considerandus est finis. Veteres ieiunarunt aliquoties totis diebus, ut vacarent publicae precationi, et hac disciplina admonerent Ecclesiam suam, ac praesertim iuventutem, de praeteritis, vel de praesentibus, vel de imminentibus periculis, ac excitarent eam ad agendam poenitentiam, qua ira Dei mitigaretur. Hic est pius et utilis horum ieiunorum finis.

Alii ieiunant, ut merito huius operis expient peccata coram Deo, vel sicut nonnulli loquuntur, applicent sibi ieiunio suo meritum Christi. Sed hic finis omnino refutandus est. Primum enim, sola mors Christi ext expiatio peccatorum nostrorum. Deinde ieiunium non est in hunc usum ordinatum, ut sit opus, quo applicetur nobis meritum Christi. Aut enim ieiunium coniunctum est cum vera poenitentia, tunc meritum Christi applicatum est ponenitenti per fidem, quae est praecipua pars poe-

78 Eusebius, Kirchengeschichte I, 4, 8. GCS Eusebius 2, 1, S. 40f.

79 Chrysostomus, In Gen. cap. 1, hom. 11. PG 53, 90-98; nicht wörtlich.

war, das Christus dise fasten, nicht gebotten hat. So ists auch der natur unmüglich, das wir dem Exemplo Christi (der viertzig gantzer tag und nacht, sich von aller speiß und tranck enthalten hat) hierinn nachfolgen künden.

Es zeiget auch Eusebius klärlich an, das der gebrauch diser viertzig tägig fasten, allwegen in der kirchen frei gwesen sei.

So sagt Chrysostomus: Kanstu nicht fasten, so kanstu doch dich von den sünden enthalten, das ist nicht ein gering stuck, und hat kein grossen underschid vom fasten, sonder ist auch dahin dienstlich, das man des Teuffels wüten zů boden stoß, etc.

Es ware auch dazůmal noch kein underschid der speiß auffgericht.

Man můß aber vor allen dingen, so man solche fasten helt, acht haben, auß was meinung und warumb man fastet.

Die alten haben zů zeiten ein gantzen tag gefastet, das sie dem gmeinen gebet oblegen, und mit diser zůcht die kirchen, unnd sonderlich die Jugent gemaneten, eintweder an die vergangne, oder an die gegenwürtige, oder an die künfftige gfärdt[46], unnd erweckten sie bůß zů thůn, dardurch Gottis zorn versönet wurde, das ist ein gůte nutzliche meinung und gebrauch dises fastens.

Etlich andere fasten, das sie durch den verdienst dises wercks, die sünde vor Gott büssen, oder das sie inen (wie jetzt etlich darvon reden) den verdienst Christi applicie rn und zůeignen. Aber dise meinung unnd gebrauch ist gentzlich zů verwerffen. Dann anfencklich, so ist allein der todt Christi ein bůß unserer sünden, darnach, so ist das fasten, nicht dahin verordnet, das es sei ein werck, dardurch uns der verdienst Christi appliciert oder zůgeeignet werde.

Dann das fasten ist eintweder bei einem rechten bůßfertigen leben. So ist schon albereit der verdienst Christi, dem der do bůß thůt, durch den glauben, Wölcher das fürnembst stuck der bůß ist, Appliciert und zůgeeignet, ehe denn er sich des fasten underfahet oder volnbringet.

46 Gefahr

nitentiae, antequam suscipiat vel perficiat ieiunium. Aut ieiunium est sine poenitentia, tunc est in conspectu Dei abominandum, tantum abest, ut applicet ieiunanti meritum Christi.

*Esaiae 58* [, 5].

Nunquid tale est ieiunium, quod eligi, per diem affligere hominem animam suam? nunquid contorquere quasi circulum caput suum?

*Augustinus epistola 86. ad Casulanum*[80].

Ego in Euangelicis et Apostolicis literis, totoque instrumento, quod appellant testamentum novum, animo id revolvens, video praeceptum esse ieiunium. Quibus autem diebus non oporteat ieiunare et quibus oporteat, praecepto domini vel Apostolorum non invenio definitum. At per hoc sentio, non quidem ad obtinendum, quam fides obtinet, IUSTITIAM, in qua est pulchritudo filiae regis intrinsecus [vgl. Ps 44, 14].

*Chrysostomus tom. 4. de ieiunio Quadragesimali hom. 73*[81].

Si quotidie huc convenimus, ac totam ieiunemus quadragesimam et non mutamus vitam in melius, maioris damnationis occasio nobis fieret.

Ex his manifestum est, quod sentire ieiunium esse opus, quo vel peccata coram Deo expientur, vel meritum Christi applicetur, nec sit Apostolicum nec Catholicum.

80 Augustinus, Ep. 36, ad Casulanum [Vorlage: *Lasulanum*]. CSEL 34/2, 54, 21-55, 4.

81 Johannes Chrysostomus, De ieiunio quadragesimali hom. 73 Vielleicht ist gemeint: In Genes. cap. I, hom. 11, PG 53, Sp. 93, wo sich das Gesagte wenigstens dem Sinn nach findet.

Ist aber das fasten on bůß, so kan es den verdienst Christi, dem der da fastet, also gar nit applicieren, und zůeignen, das er auch vor Gott ein abergrauw[47] ist.

*Esa. lviii.*

Solt das ein fasten sein, das ich erwelen soll, das ein mensch seinem leib des tags übel thůt, oder seinen kopff hencke wie ein hack[48], oder auff einem sack und in der äschen lige?

*Augustinus.*

Ich siehe, das in der Euangelisten und Aposteln schrifften, und im gantzen instrument, das man das new Testament nennet, (So ich dasselb mit meinen gedancken durch lauffe) das fasten gebotten sei, aber auff wölchen tag man soll, oder nicht soll fasten, finde ich nicht, das es auß gebott des HERRN oder der Apostel bestimpt sei. Darumb halte ich nicht, das dasselb zů erlangen die gerechtigkeit, die der glaub erlangt, die auch ein innerliche schöne[49] des Künigs tochter ist, dienstlich sei.

*Chrysostomus.*

Wann ir schon täglich hierinn zůsamen kommen, und fasten die gantz viertzig tägig fasten, und doch ewer leben nicht bessern, so gibt es euch nur zůr grösserer verdamnus ursach etc.

Hierauß ists offenwar, das es weder Apostolisch, noch Catholisch ist, so man das fasten haltet für ein werck, dardurch man die sünde vor Gott büsse, oder den verdienst Christi Appliciere und zůeigne.

47 Abscheu
48 Haken
49 Schönheit

[Art. 26]

## De consecratione Aquae, Salis, Vini, Herbarum et aliarum rerum.

Agnoscimus in veteri Testamento divinitus fuisse institutam Aquam aspersionis [vgl. Num 19,9], qua leviticae immunditiae purgabantur.

Agnoscimus etiam miraculum, quo Propheta Elizaeus sanavit steriles aquas Iericho, iniecto sale [2 Reg 2,19-22].

Et amplectimur, quod Paulus ad Timotheum scribens: Omnis, inquit, creatura Dei bona est et nihil reiiciendum, quod cum gratiarum actione percipitur; sanctificatur enim per verbum Dei et precationem [1 Tim 4,4].

Sed quod consecretur in novo Testamento Aqua, quam vocant benedictam, cuius aspersione deleantur peccata venialia et pellantur daemones, ac consecretur etiam sal, qui faciat res alioqui noxias salutares, non videtur nec Apostolicum nec Catholicum esse. Nam imitatio leviticae aspersionis et miraculi Elizaei, non est verbo DOMINI mandata, sed humano arbitrio usitata; pertinet igitur ad hoc dictum Christi: Frustra colunt me, docentes doctrinas, mandata hominum [Mt 15,9]. Et manifestum est, quod aspersio sanguinis Christi, quae fit per verbum Euangelii, per baptismum et coenam dominicam, excipitur autem per FIDEM, emundet nos a peccatis [vgl. Hebr 10,22; 1 Joh 1,9]. Quod igitur est solius sanguinis Christi, divina ordinatione pro peccatis nostris effusi, hoc non debet tribui aquae, humana ordinatione consecratae.

[Art. 26]

## Von Wasser, Saltz, Wein, Kreuter, und anderer ding weihen.

Wir erkennen, das im alten Testament, das Sprengwasser, damit die eusserliche Levitische unreinigkeit abgewäschen worden ist, von Gott eingesetzt sei.

Wir erkennen auch für ein wunderwerck, das der Prophet Eliseus, das schädlich wasser zů Jericho, mit dem Saltz, das er darein warffe, nutzlich gemacht hab.

Und nemen an, das sanct Paulus zů Timotheo schreibt und sagt: Alle Creatur Gottis ist gůt, und ist nichts zů verwerffen, was man mit dancksagung gniessen mag, dann es würdt durch Gottes wort, und dem gebett geheiliget.

Aber das laßt sich weder für Apostolisch, noch für Catholisch ansehen, das man im newen Testament das wasser, welches man das Weichwasser nennet, zů disem gebrauch segnet, das durch sein ansprengen, die täglichen sündt abgeweschen, und die Teuffel vertriben werden sollen.

Das man auch das Saltz segnet, dardurch die schädliche ding heilsam gemacht werden.

Dann das man ein Exempel in solchem fal, von dem sprengwasser des Alten Testaments, und von dem wunderwerck Elisei nemen soll, das ist nicht durch Gottes wort bevolhen, sonder auß eignem menschlichen gůtbeduncken fürgenommen. Darumb so gehöret es under den spruch Christi: Sie dienen mir vergebens, dweil sie leeren solche leer, die nichts dann menschen gebott seien.

So ist es auch offenwar, das das ansprengen des blůts Christi, wölches durch die Predig des Euangelions, durch den Tauff und Nachtmal des HERRN, geschicht, und würdt durch den glauben angenommen, uns von sünden reiniget. Hierauff was allein dem blůt Christi, so auß Gottes ordnung für unser sündt vergossen ist, gebüret, das soll dem wasser, so auß menschlicher ordnung gesegnet würdt, nicht zůgelegt werden.

Quod autem Elizaeus sanavit aquas steriles sale, proponitur nobis admirandum, ut confirmemus ex eo fidem, quam debemus propheticae concioni adhibere, non proponitur nobis sine certa vocatione Dei imitandum; propterea quod miracula sanctorum, non soleant esse generalia, sed personalia.

Quod autem Paulus dicit, creaturas sanctificari verbo Dei et precatione [vgl. 1 Tim 4, 5], non sentit creaturas, exempli gratia, salem, carnem, ova, herbas, esse exorcizandas, ut usu earum fugetur Satan, sed quod omnes creaturae sint verbo Dei in suum quaeque externum usum ordinatae, quae nobis tunc in bonum cedunt, cum ipsis ex fide et invocatione Dei recte utimur. Sic creavit Deus salem ad condiendum cibum et ad conservandam carnem a putrefactione; aquam ad potum, aut lavationem, aut rigationem, non ad fugandum daemonem. Ordinavit quidem in Baptismo aquam ad abluenda peccata, haec autem non est generalis creatio Dei, sed specialis ordinatio, certo verbo Dei definita. Nam quantum attinet ad generalem Dei creationem et sanctificationem, non extat verbum Dei, quod testificetur creaturas, quas antea commemoravimus, exorcismis ad hoc utiles fieri, ut deleant peccata et fugent daemones. Quod autem suscipitur, sine verbo Dei, in alienum a divina ordinatione usum, non potest fieri ex fide, sed sit abusus et adfert magis perniciem, quam salutem.

*Ad Roma. 14* [, 23].

Omne quod non est ex fide, peccatum est.

*Cyprianus epistola 3. lib. 2*[82].

Si solus Christus audiendus est, non debemus attendere, quid

[82] Cyprian, Epistola 3. lib. 2 = Ep. 63, 14. PL 4, Sp. 385 bzw. CSEL III, 2, S. 712, 21-25. Zitiert in der Conf. nach der Ausgabe des Erasmus, Cypr. Ep. L. 2, ep. 3. Decretum D. 8, cap. Si solus, cap. Si consuetudine, cap. Consuetudo. – Zu dieser im Decretum also dreimal gebrauchten Stelle bemerkt der Herausgeber der Ep. Cypriani, St. Baluzius, in PL a.a.O.: Ad locum ... istum Cypriani praelatos vel alios doctores aut praedicatores bonos, sed tantum antichristos, i. e. contrarios Christo, qui contraria praedicant.

Das aber Eliseus das schädlich wasser, mit dem Saltz nutzlich gemacht hat, das würdt uns für ein wunderwerck fürgehalten, das wir darauß unsern glauben, den wir der Predig des Propheten geben sollen, stercken. Und würdt uns nicht fürgehalten, das wir es on sondern berůff Gottis, zů einem exempel, auch etwas mit Saltz zů segnen, nemen sollen. Nach dem der heiligen wunderwerck nicht jedermans ding, sonder außerwelten sonderlichen personen zůstendig seien.

Das aber Paulus sagt die creaturen werden geheiliget durch Gottes wort, und durch das gebett, ist nicht sein meinung, das man die Creaturn, als nämlich Saltz, Fleisch, Eier, Kreiter beschweren soll, auff das so man sie gebrauche, der Teuffel verjagt werde, sonder das ein jetliche Creatur seie, durch gottes wort, zů seinem eusserlichen brauch verordnet, wölche auch dazůmal uns zů gůtem kompt, so wir sie auß glauben und anrůffung Gottis recht gebrauchen. Also hat Gott das Saltz erschaffen, das man darmit die speiß saltzen, und das fleisch vor dem verfaulen und verderben erhalten soll. Das wasser aber zům tranck, oder zům wäschen, oder zům bewessern, unnd nicht den Teuffel darmit zů verjagen. Er hat wol das wasser im Tauff zůr abwäschung der sünden verordnet, das kompt aber nicht auß der gmeinen schöpfung Gottes, sonder es ist ein sonderliche ordnung, die durch das gwiß Gottes wort bestimpt ist.

Dann sovil die gmein schöpffung und heiligung Gottes belangt, So ist kein Gottes wort vorhanden, wölches bezeuge, das die Creaturen von denen wir vorhin gesagt haben, durch das beschweren, dahin nutzlich und dienstlich werden, das man darmit die sünd abwäsche, und den Teuffel verjage. Was man aber on Gottes wort in einem frembden gebrauch wider Gottis ordnung fürnimpt, das kan nicht auß glauben geschehen, sonder würdt ein mißbrauch, und bring mehr schaden dann nutz.

*Rom. xiiii.*

Was nicht auß dem glauben gehet, das ist sünd.

aliquis ante nos faciendum putarit, sed quid prior Christus, qui ante omnes est, fecerit. Neque enim hominis consuetudinem sequi oportet, sed Dei veritatem.

## [Art. 27]

## De sacra Scriptura.

Sacram scripturam vocamus, eos Canonicos libros veteris et novi Testamenti, de quorum autoritate in Ecclesia nunquam dubitatum est.

Hanc scripturam credimus et confitemur esse oraculum Spiritus sancti, coelestibus testimoniis ita confirmatum, ut si angelus de coelo aliud praedicaverit, anathema sit [vgl. Gal 1,8]. Quare detestamur omnem doctrinam, cultum et religionem, pugnantem cum hac scriptura.

Sed quod nonnulli sentiunt, in hac scriptura non contineri omnem doctrinam, nobis ad veram et perpetuam salutem cognitu necessariam; et ius interpretandae huius scripturae, in potestate summorum pontificum ita situm esse, ut quod hi pro suo arbitrio pronuntiat, amplectendum sit pro sententia Spiritus sancti, videtur facilius posse dici quam probari.

*2. ad Timotheum 3* [, 16 s.].

Omnis scriptura divinitus inspirata et utilis ad docendum, ad arguendum, ad corripiendum, ad erudiendum in iustitia, ut perfectus sit homo Dei, ad omne opus bonum instructus.

*Ioannis. 15* [, 15].

Vos dixi amicos, quia omnia quaecunque audivi a patre meo, nota vobis feci. Quae autem Apostoli acceperunt a Christo, ea vulgaverunt praedicatione sua in toto orbe terrarum, et tradiderunt ea posteritati scriptis suis. Manifestum igitur est, quod omnia, quae ad salutem cognitu necessaria sunt, in scriptis Propheticis et Apostolicis contineantur.

*Cyprianus.*

So allein Christus zů hören ist, sollen wir nicht achten, was etwann einem vor uns, für gůt zů thon, angesehen, sonder was zůvor Christus, der vor allen ist, gethon hat. Dann wir müssen, nicht des menschen gewonheit, sonder Gottes warheit nachfolgen.

[Art. 27]

## Von der heiligen Schrifft.

Die heiligen schrifft nenen wir, die ordenlichen bestetigten bůcher, des alten unnd newen Testaments, an deren glaubwirdigkeit in der kirchen nie kein zweifel gewesen ist.

Hierauff glauben und bekennen wir, das dise schrifft, seie ein warhafftige gwisse Predig des heiligen geists, wölche mit himmelischen zeugnussen, diser gstalt bestetiget ist, das wann ein Engel von Himmel ein anders prediget, soll er verflůcht sein. Darumb verwerffen wir alle leer, Gotsdienst, und Religion, die diser schrifft widerwertig seien.

Das aber etlich darfür halten, es seie in diser schrifft, nicht alle leer, so uns zům rechten waren ewigen heil zů wissen nötig, begriffen, das auch, der gwalt dise schrifft außzůlegen stehe der massen in der hand der Bäpsten, das man alles, so sie ihres gfallens sprechen, als des heiligen Geists meinung, erkennen und annemen soll, laßt sich vil leichtlicher reden dann vertedingen.

*ii. Timo. iii.*

Alle schrifft von Gott eingegeben, ist nutz zůr leere, zůr straffe, zůr besserung, zůr züchtigung in der gerechtigkeit, das ein mensch Gottes sei volkommen, zů allem gůtem werck geschickt.

*Joannis xv.*

Ich hab euch freund genennt, dann alles was ich von meinem vatter gehöret, das hab ich euch zů wissen gethon.

*Chrysostomus ad Titum, home*[lia] *1*[83].

Manifestavit temporibus suis verbum suum in praedicatione, quae credita est mihi. Haec est praedicatio. Omnia enim Euangelion continet et praesentia et futura, honorem, pietatem, fidem, simul omnia praedicationis verbo conclusit.

*Hieronymus ad Titum, cap. 1*[84].

Sine autoritate scripturarum, garrulitas non habet fidem.

*Augustinus super Ioa. cap. 11. tract. 49*[85].

Nam cum dominus Iesus multa fecisset, non omnia scripta sunt, sicut idem ipse sanctus Euangelista testatur, multa DOMINUM Christum et dixisse et fecisse, quae scripta non sunt [Joh 20,30]. ELECTA autem sunt, quae scriberentur, quae SALUTI credentium sufficere videbantur.

Nam quod aiunt, ius interpretandae scripturae esse penes summos pontifices, non est obscurum, quod donum interpretandae scripturae non sit humanae prudentiae, sed sancti Spiritus. Unicuique, inquit Paulus, datur manifestatio spiritus ad utilitatem. Alii quidem per spiritum datur sermo sapientiae, etc.[1 Kor 12,7 s.] Spiritus sanctus autem est liberrimus, nec est ad certum genus hominum alligatus, sed distribuit dona hominibus, pro suo ipsius beneplacito.

*Numeri 11* [, 29].

Quis tribuat ut omnis populus prophetet et det eis DOMINUS Spiritum suum?

*Iudicum. 4* [, 4].

Debora, mulier, uxor Lapidoth, excitatur in Prophetam.

83 Johannes Chrysostomus, Ad Titum, hom I. PG 62, Sp. 666; zum Teil mit variierendem Wortlaut).

84 Hieronymus, Ad Titum cap. I. PL 26, Sp. 605. Dort lautet der Satz (zu Vers 10 f.): Et quidem sine scripturarum auctoritate garrulitas non haberet fidem, nisi viderentur perversam doctrinam etiam divinis testimoniis roborare. Hi sunt de circumcisione Judaei …

85 Augustinus, Super Joannem cap. XI, tract. 49. CChr SL 36, 419, 10-14.

Was aber die Apostel von Christo entpfangen, das haben sie mit ihrem predigen in die gantze Welt außgepreitet, und den nachkommen in schrifften überantwurt. Darumb ists offenwar, das alles was uns zům heil zů wissen nötig, in den schrifften der Propheten und Aposteln, verfaßt ist.

*Chrysostomus.*

Er hat zů seiner zeit sein wort durch das Predigampt, so mir vertrawet ist, geoffenbaret. Das ist die Predig, dann das Euangelion verfaßt in sich alles, beid, gegenwürtigs unnd künfftigs, Gottes ehr, gottes dienst, glauben, ja er hat alles zůmal in die Predig verfaßt.

*Hieronymus.*

Mann soll on kuntschafft der schrifft keinem gschwetz glauben geben.

*Augustinus.*

Nach dem der HERR Jhesus vil gethon hat, so ist es nicht alles beschriben, wie der heilig Euangelist selbs bezeugt. Der HERR Christus hab vil gsagt und gethon, das nicht beschriben ist, aber dise stuck sind zů beschreiben außerlesen, wölche man darfür gehalten hat, das sie dem heil der glaubigen gnůgsam seien.

Dann das man fürgibt, der gwalt die schrifft außzůlegen, seie bei den Bäpsten, So ist es offenwar, das die gaben der schrifft außzůlegen, nicht auß menschlicher weißheit, sonder auß dem heiligen geist herkommen. In einem jetlichen, spricht Paulus, erzeigen sich die gaben des geists, zům gmeinen nutz. Einem würdt gegeben durch den Geist zů reden von der weißheit, etc.

Nun ist aber der heilig geist gantz frei, und an keinen sonderlichen stand der menschen gebunden, sonder er teilet den menschen die gaben auß, nach seinem wolgefallen.

*Num. xi.*

Gott wölle das jedermann im volck weissage, und gebe inen seinen geist.

*Amos 7* [, 14].

Non sum Propheta et non sum filius Prophetae, sed armentarius ego sum, vellicans syçomoros, etc. Et tamen Amos accepit Spiritum sanctum et factus est Propheta.

*1. ad Corinth. 12* [, 11].

Haec omnia operatur unus et idem spiritus, distribuens unicuique prout VULT.

Testantur etiam exempla, quod summi Pontifices saepe ac multum foede erraverint.

Quare donum interpretandae scripturae, non est in ordinem summorum Pontificum ita concludendum, ut quisquis Pontifex fuerit, scripturam recte interpretetur. Sed vera sententia scripturae quaerenda est, in ipsa scriptura et apud eos, qui divino Spiritu excitati, scripturam per scripturam interpretantur.

## [Art. 28]

## De summo pontifice.

Sunt qui tribuunt Romano Pontifici, quod sit caput universalis Ecclesiae et habeat potestatem non in terris tantum constituendi regna Politica et gubernandi Ecclesiastica, verum etiam in coelis, mandandi angelis, liberandi animas e purgatorio et beandi aut liberandi quos libet[86].

[86] Brenz führt an solchen Äußerungen in der Apologie (S. 855 ff.) an: Innoc. III. In Decretal. C. Solitae. De maioritate et oboedientia. De loco Petri, Subditi estote omni humanae creaturae (= Decretales 1. 1, Tit. 33, c. 6, Friedberg I, Sp. 196 ff.); Idem c. Per venerabilem. Qui filii sint legitimi (= Decretales 1. 4, Tit. 17, c. 13, Friedberg I, S. 714, aber mit abweichendem Text); Pascalis, In decretal. Tit. De elect. cap. Significasti (= Decretales 1. 1, Tit. 6, c. 4, Friedberg I, Sp. 50); Gelasius nach Decretum C. 9 q. 2 c. 17 (Friedberg I, Sp. 611); Bonifacius Mart. Decr. d. 40 c. 6, Si Papa (Friedberg I, Sp. 146). Ferner u. a. die Verurteilung Heinrichs IV. durch Gregor VII. (Zitiert nach Platina), und die Bulle Clemens VI. »Ex anno Jubilaeo« (vgl. BSLK 431, Anm. 8).

*Judi. iiii.*

Ein weib mit namen Debora, ein Eeweib Lapidoth, würdt zů einer Prophetin erwecket.

*Amos. vii.*

Ich bin kein Prophet, noch keins Propheten Son, Sonder ich bin ein Kühirt, der maulbeer abliset., etc. Jedoch hat Amos den heiligen Geist entpfangen, und ist zům Propheten worden.

*i. Cor. xii.*

Diß alles wircket der einig Geist, unnd teilet einem jetlichen seines zů, nach dem er will.
Es bezeugen auch die Exempla, das die Bäpst offt und dick, schentlich geirret haben.
Darumb, soll mann die gaben, geschrifft außzůlegen, nicht diser gestalt in des Bapsts standt einschliessen, das ein jetlicher, der ein Bapst würdt, die Schrifft recht außlege, sonder der recht verstand der schrift, ist bei ir selbs, und bei denen, so durch den heiligen Geist erwecket seien, die schrifft, durch die schrifft außzůlegen, zů sůchen.

[Art. 28]

## Von dem Bapst.

Es sindt etlich, die dem Bapst zůlegen, er seie das haupt der gmeinen Kirchen, und habe gwalt nicht allein auff erden, die irdische Künigreich zů ordnen, und die kirchen zů regieren. Sonder auch im himmel den Engeln zů gebieten, die seelen auß dem Fegfewer zů erlösen, und selig zů machen, oder zů verdammen, wölche er wöll.

Wir erkennen aber, wann der Babst ein Gotsfürchtiger man ist, und prediget das Euangelion Christi, vermüg der Propheten und Aposteln schrifft, so hat er das ampt des höchsten gwalts auff erden, nämlich das ampt zů verzeihen und zů

Nos autem agnoscimus, quod siquidem Romanus Pontifex, fuerit vir pius et docuerit Euangelion Christi, iuxta Prophetica et Apostolica scripta, habeat ministerium summae in hac terra potestatis, videlicet ministerium remittendi et retinendi peccata, quo ministerio non est in his terris nec maius nec excellentius.

Habet autem ministerium non solus, sed habet commune cum omnibus iis, qui legitima vocatione adnunciant Euangelion Christi. Ministerium enim remittendi aut retinendi peccata, quod alias vocatur clavis regni coelorum, non est liberae potestati personae hominum traditum, sed est in ipsum Euangelii verbum ita inclusum, ut quotquot Euangelion adnuntiant, dicantur vere peccata remittere et retinere, illud quidem his, qui Euangelion fide accipiunt, hoc autem his, qui Euangelion contemnunt.

*Marci ultimo* [16, 15].

Praedicate Euangelion omni creaturae; qui crediderit et baptizatus fuerit, salvus erit; qui vero non crediderit, condemnabitur.

*Hilarius de Trinit*[ate] *lib. 6*[87].

Petro revelavit pater ut diceret: Tu es filius Dei. Super hanc igitur confessionis petram Ecclesiae aedificatio est, haec fides Ecclesiae est fundamentum, haec fides regni coelestis habet claves, haec fides quae in terra solverit aut ligaverit, ea ligata sunt in coelis et soluta [Mt 16,16-19].

*Chrysostomus*[88].

Clavicularii sunt sacerdotes, quibus creditum est verbum docendi et interpretandi scripturas. Clavis autem est VERBUM

87 Hilarius, De trin. libr. VI. CChr SL 62, 240, 34-241, 5. Text im Zitat gerafft.

88 Nach Bizer: Johannes Chrysostomus, In Matth. cap. 23, hom. 44, doch ohne Angabe einer Fundstelle. Diese Angabe ist jedoch in mehrfacher Hinsicht unzutreffend.

behalten die sünde, über wölches ampt kein höhers noch treffenlichers hie auff erden ist. Jedoch hat er das ampt nicht allein, sonder hat es gmein mit allen denen, so auß ordenlichem berůff das Euangelion Christi predigen.

Dann das ampt zů verzeihen oder zů behalten die sünde, wölches man sonst nennet die schlüssel des Himmelreichs, ist nicht freiledig[50] in eins einichen menschen gwalt ergeben, Sonder ist in die Predig des Euangelions dermassen eingeschlossen, das von denen, welche das Euangelion predigen, mag man warlich sagen. Sie verzeihen und behalten die sünde, ja sie verzeihen denen, so das Euangelion mit glauben auffnemen, denen aber behalten sie die sünde, so das Euangelion verachten.

*Marci am letsten.*

Predigt das Euangelion aller Creatur, wölcher glaubt und getaufft würdt, der würdt sälig. Wölcher aber nicht glaubt, der würdt verdampt.

*Hilarius.*

Der vatter hats Petro offenbaret, das er sagt, du bist Gottes Son. So ist nun die Kirch, auff disen felsen der bekanntnus, erbawet. Diser glaub ist der Kirchen grundt, diser glaub hat die Schlissel des Himmelreichs, diser glaub was er auff erden aufflöst oder bindet, das ist auch im Himmel gebunden und auffgelößt.

*Chrysostomus.*

Die priester, denen das leer- und Predigampt vertrawet ist, seind die schlüssel träger, der schlüssel aber ist das wort der erkanntnuß der schrifft, dardurch die thür der warheit, den leuten auffgethon würdt.

50 frei und ledig

scientiae scripturarum, per quam aperitur hominibus ianua veritatis.

*Augustinus de doctrina Christ. lib. 1. cap. 18*[89].

Has claves dedit Ecclesiae suae, ut quae solveret in terra, soluta essent in coelo, quae ligaret in terra, ligata essent in coelo. Scilicet, ut quisquis in Ecclesia eius, dimitti sibi peccata non crederet, non ei dimitterentur; quisquis autem crederet, seque ab his correctus averteret, in eiusdem Ecclesiae gremio constitutus, eadem fide atque correctione sanaretur.

*Ambrosius*[90].

Peccata per VERBUM dimittuntur, cuius interpres seu expositor est Levita.

*Bernhardus in Epistola ad Eug.*[91]

Verus successor Pauli dicet cum Paulo: Non quod dominemur fidei vestrae, sed adiutores sumus gaudii [2 Kor 1,24]. Petri haeres audiet Petrum dicentem: Neque ut dominantes in clerum, sed forma facti gregis [1 Petr 5,3].

*Thomas in summa sua, parte 3. in additi. q. 6. ar*[t]. *6*[92].

Quia Ecclesia fundatur in fide et in sacramentis, ideo ad ministros Ecclesiae, novos articulos fidei aedere, aut aeditos removere, aut nova sacramenta instituere, aut instituta removere, non pertinet; sed hoc est potestatis excellentiae, quae soli debetur Christo, qui est Ecclesiae fundamentum. Et ideo, sicut Papa non potest dispensare, ut aliquis sine Baptismo salvetur; ita nec quod salvetur sine confessione, secundum quod obligat vi sacramenti.

89 Augustinus, De doctrina Christ. Lib. I, cap. 18. CChr SL 32, 15, 1-7

90 Ambrosius, De Cain et Abel 1, II, cap. 5,15. CSEL 32/1, 391, 7.

91 Bernhard, Epist. [238] ad Eug. Sancti Bernhardi Opera ed. J. Leclerq, H. Rochais, vol. VIII, Rom 1977, 116, 22-25.

92 Thomas von Aquino, Summa th. tertiae partis supplementum (Reginald von Piperno) q. 6 a. 6 Resp. (z.B. ed. Romana 1894, S. 42).

*Augustinus.*

Er hat dise schlüssel seiner kirchen gegeben, auff das, was sie auff erden aufflöset, das solt auch im Himmel auffgelöset sein, und was sie binde auff erden, das solt auch im Himmel gebunden sei. Ja das ein jetlicher in seiner kirchen, der da nicht glaubet das ime die sünde verzigen werden, dem solten sie auch nicht verzigen sein.

Wölcher aber glaubet, und bekeret sich mit besserung seins lebens von sünden, sitzt auch in der schoß der selben kirchen, dem würdt durch disen glauben und besserung geholffen.

*Ambrosius.*

Die sünd werden erlassen durch das wort, wölches dolmetscher oder außleger ist der Levit.

*Bernhardus.*

Der recht nachkömli[n]g Pauli, würdt mit Paulo sagen. Nicht das wir herschen über ewern glauben, sonder wir sind gehilffen der freude. Der erb Petri würdt Petrum hören, der da sagt: Nicht als die über das außerwölet volck herschen, sonder werdet fürbild der herdt.

*Thomas.*

Nach dem die Kirch auff den glauben, und auff die Sacrament gegründet ist, so gebüret es den Kirchendienern nicht, das sie new Artickel des glaubens machen, oder die vorhin gemacht seien, hinweg thůn, oder newe Sacrament stifften, oder die vorhin gestift sindt, hinweg thůn, Sonder das gehöret dem hohen gwalt zů, der allein Christo, so der kirchen grundt ist, gebüret. Hierauff gleich wie der Babst nicht mag dispensieren, das einer on den Tauff selig werde, Also mag er auch nicht dispensieren, das einer on beicht, so fehr sie auß vermigen des Sacraments bindet, selig werden mög etc.

Wiewol nun Thomas sein eigne meinung von der beicht hat, Jedoch so ist das ein rechte Apostolische und Catholische meinung, da er sagt, es gebüre den Kirchendienern (under

Etsi autem Thomas suas habet opiniones de confessione, tamen hoc, quod dicit, ad ministros Ecclesiae (inter quos etiam Papam numerat) non pertinere, novos articulos fidei condere et nova sacramenta instituere, vere est Apostolica et Catholica sententia. Nam ad ministros Ecclesiae non pertinet, ex vocatione Christi, aliud ministerium, quam quod supra de remittendis et retinendis peccatis commemoravimus et quo Apostoli ipsi functi sunt. Quod si, praeter hoc ministerium, aliquid amplius Romano Pontifici tribuitur, hoc autem conceditur ei humanis ordinationibus, aut confictum est a monachis et adulatoribus, contra verbi Dei autoritatem.

## [Art. 29]

## De Ecclesia.

I. Credimus et confitemur, quod una sit sancta Catholica et Apostolica Ecclesia, iuxta symbolon Apostolorum et Nicaenum.

II. Quod haec Ecclesia, a Spiritu sancto ita gubernetur, ut etsi sinit eam esse in his terris imbecillem, conservet tamen eam perpetuo, ne vel erroribus, vel peccatis pereat.

III. Quod huic Ecclesiae in hac terra multi mali et hypocritae admixti sint.

IIII. Quod hi mali et hypocritae, si ministerium Ecclesiae legitima vocatione susceperint, veritati sacramentorum per se nihil incommodi afferant, nisi institutionem Christi pervertant et impia doceant.

V. Quod in hac Ecclesia sit vera peccatorum remissio.

VI. Quod haec Ecclesia habeat ius testificandi de sacra scriptura.

VII. Quod haec Ecclesia habeat ius iudicandi de omnibus doctrinis, iuxta illud: Probate spiritus num ex Deo sint [1 Joh 4,1]. Et: Caeteri diiudicent [1 Kor 14,29].

VIII. Quod haec Ecclesia habeat ius interpretandae scripturae.

wölche er den Babst zelet) nicht, das sie new Artickel des glaubens anrichten, und newe Sacrament stifften. Dann es gebüret den Kirchendienern, auß bevelch Christi kein ander ampt, dann wie wir hievor gemelt haben, nämlich, die sünde zů verzeihen, und zů vorbehalten, auch wie es die Apostel selbst gebraucht haben.

So aber dem Babst, etwas mehr, über sollichs ampt, zůgelegt würdt, so würdt dasselb im, eintweder auß menschlicher ordnung zůgegeben, oder ist on grundt Gottes wort, von den München und zů schmeichlern, erdacht worden.

### [Art. 29]

## Von der Kirchen.

I. Wir glauben und bekennen, das ein einige heilige Catholische und Apostolische kirch sei, nach laut des Apostolischen und Nicenischen Simboli.

II. Das dise Kirch, von dem heiligen Geist, der massen regiert werde, das, wiewol er sie laßt hie auff erden schwach und blöd sein, so erhelt er sie doch ewigklich, das sie weder in irthumben, noch in sünden verderbe.

III. Das in diser kirchen hie auff erden vil böser bůben und gleißner eingemischt sein.

IIII. Das diese böse bůben und gleißner, so sie das kirchenampt, auß ordenlichem berůff überkommen, der warheit der Sacrament, an ihm selbs kein nachteil bringen, es were dann sach, das sie die stifftung Christi verkeren und unrecht leeren.

V. Das in diser Kirchen, sei rechte ware verzeihung der sünden.

VI. Das dise kirch hab gwalt zů bezeugen, von der heiligen schrifft.

VII. Das diese kirch hab gwalt zů urtheilen von aller leer, vermüg dises spruchs: Prüffet die Geister, ob sie auß Gott sindt, und die andern sollen darüber urteilen.

Sed ubi haec Ecclesia sit quaerenda, et an iura eius sint certis terminis circumscripta, alii aliter sentiant.

Arbitramur autem autoritate sacrae scripturae et veterum patrum sentiendum esse, vere Catholicam et Apostolicam Ecclesiam, non ad unum certum locum aut gentem, nec ad unum certum hominum genus, alligatam esse, sed in eo esse loco aut gente, ubi Euangelion Christi synceriter praedicatur et sacramenta eius recte, iuxta institutionem Christi, administrantur.

*Ioannis 10* [, 34].

Scriptum est: Ego dixi, dii estis. Illos dixit deos, ad quos factus est sermo Dei, etc. Ergo ibi est populus seu Ecclesia Dei, ubi sermo Dei praedicatur.

*Ioannis 15* [, 3].

Iam vos mundi estis propter sermonem, quem locutus sum vobis. Sermo igitur Christi, qui est Euangelion, demonstrat, ubi sit Ecclesia, quae coram Deo sit munda.

*Ad Romanos 1* [, 16].

Euangelion est potentia Dei, ad salutem omni credenti. Ubi igitur est Euangelion, quod agnoscitur fide, ibi Deus habet Ecclesiam, in qua est efficax ad aeternam salutem.

*Chrysostomus in commentario in Euangelion Matth. cap. 24. Hom. 49*[93].

Quare hoc tempore omnes Christiani conferre se ad scripturas debent. Quia in tempore hoc, ex quo obtinuit haeresis illas Ecclesias, nulla probatio potest esse verae Christianitatis, neque refugium potest esse Christianorum aliud, volentium cognoscere fidei veritatem, nisi scripturae divinae.

93 Johannes Chrysostomus, Opus imperf. in Matth. cap. 24, homil. 49. PG 56, Sp. 909.

Aber darinn sind zwispeltig meinung, wo dise kirch zů sůchen sei, und ob sie ein gemessenen gwalt habe.

Nun halten wir auß grundt der heiligen schrifft, und der alten vätter, das die recht Catholisch und Apostolisch kirch, an kein sonder ort noch volck, auch an keinen sondern standt der menschen gebunden sei, Sonder sie sei an dem ort, und bei dem volck, da das Euangelion Christi rein gepredigt, und die Sacrament, nach der stifftung Christi, recht gehandelt werden.

*Joannis x.*

Es ist geschriben, ich hab gesagt, ir sindt Götter. Er nennet dise Götter, zů wölchen Gottes wort geschehen ist. Darauß volget, das Gottes volck oder kirch an disem ort ist, wo Gottes wort gepredigt würdt.

*Joannis xv.*

Ir sindt rein, von wegen des worts, das ich mit euch geredt hab. Darumb so weiset das wort Christi (wölches ist das Euangelion) wo die kirch sei, die vor Gott rein ist.

*Rom. i.*

Das Euangelion ist gottes gwalt, selig zů machen ein jetlichen der daran glaubet. Darumb, wo das Euangelion ist, und würdt mit glauben angenommen, da hat Gott sein Kirch, darinn er sein gewalt übet, zůr ewigen seligkeit.

*Chrysostomus.*

Warumb sollen alle christen sich zů diser zeit, zů der[51] schrifft halten? Darum, das zů diser zeit, nach dem die ketzerei in die kirchen kommen, kein andere prob des rechten Christlichen wesens, auch kein andere zůflůcht der Christen, die da des glaubens warheit erkennen wöllen, sein mag, dann auß der heiligen Göttlichen schrifft.

51 Vorlage: die. Der Lauinger Druck (Köhler 225) hat richtig: der.

*Et postea*[94]:

Qui ergo vult cognoscere, quae sit vera Ecclesia Christi, unde cognoscat, nisi tantummodo per scripturas?

*Augustinus tom. 2. epist. 166*[95].

In scripturis didicimus Christum, in scripturis didicimus Ecclesiam, has scripturas communiter habemus, quare non in eis et Christum et Ecclesiam communiter retinemus?

*Et iterum, Tom. 7. in epistola contra epistolam Petiliani Donatistae cap. 2. 3. et 4.*[96]

Inter nos et Donatistas quaestio est, ubi sit Ecclesia; quid ergo facturi sumus? In verbis nostris eam quaesituri, an in verbis capitis sui, DOMINI nostri Iesu Christi? Puto quod in illius potius verbis quaerere debemus, qui veritas est et optime novit corpus suum.

Quod autem affirmatur, Ecclesiam habere ius testificandi de sacra scriptura, interpretandi scripturam et iudicandi de omnibus doctrinis, non sic intelligendum est, quod Ecclesia habeat liberam potestatem quidvis statuendi, ac etiam, si libeat, mutandi scripturam et fingendi novam doctrinam, ac instituendi novos cultus Dei. Sed quod Ecclesia, ut sponsa Christi, agnoscat vocem sponsi sui et acceperit a sponso suo certam regulam, Propheticam videlicet et Apostolicam praedicationem, coelestibus miraculis confirmatam, iuxta quam debeat, obscura, si quae videntur, loca scripturae interpretari et de doctrinis iudicare.

*Psal. 118* [, 105].

Lucerna pedibus meis verbum tuum.

94 Ebenda.

95 Augustinus, Epist. 166; (= CSEL Nr. 105, 14). CSEL 34/2, 605, 11 - 14.

96 Augustinus, Epistula ad Catholicos de secta Donatistarum cap. 2. CSEL 52, 232, 7 und 24 - 28.

*Und hernach.*

Wer erkennen will, wölches die recht Christlich Kirch sei, wo her solt ers anderst erkennen, dann auß der schrifft?

*Augustinus.*

In der schrift haben wir Christum erlernet. In der schrifft haben wir die Kirch erlernet. Dise schrifft haben wir in gmein. Warumb behalten wir denn nicht darinn, beid Christum und die Kirch in gmein?

*Und abermals.*

Es ist under uns und den Donatisten die frag, Wo die Kirch sei? Was wöllen wir nun thůn? Wöllen wir die sůchen in unsern worten, oder in den worten ires haupts, unsers HERREN Jesu Christi? Ich halt ja, das wir sie vil mehr sůchen sollen in des wort, der do ist die warheit, und kennet sein leib am aller besten.

Das man aber sagt, die kirch hab gwalt, zů bezeugen von der heiligen schrifft, auch die schrifft außzůlegen, und von aller leer zů urteilen. Ist nicht also zů versten, das die Kirch freien gwalt hab, zů statuiern oder zů setzen was sie wöll, Ja auch die schrift nach irem gefallen zů endern, newe leer zů erdencken, und newe gotsdienst zů stifften, Sonder das die kirch, als ein gspons Christi erkenne die stimm ires gspons, unnd empfahe von dem selben ein gwisse Regel, nämlich der Propheten und Apostel predig, mit Himmelischen wunderzeichen bestetigt, nach deren sie die sprüch der schrifft, so etwas dunckel erscheinen, erklären, und von der leer urteilen soll.

*Psal. cxviii.*

Dein wort ist ein Lucern meinen füssen.

*Ad Romanos 12* [, 6 s.].

Habentes dona, iuxta gratiam datam nobis, varia, sive prophetiam, iuxta analogiam fidei.

*2. Petri 1* [, 19].

Habemus firmiorem sermonem propheticum, cui dum attenditis, ceu lucernae apparenti in obscuro loco, recte facitis, etc.

*Origenes in Hiere. hom. 1*[97].

Necesse est nobis scripturas sanctas in testimonium vocare, sensus quippe nostri et enarrationes, sine his testibus, non habent fidem.

*Hierony. in Matth. cap. 23*[98].

Quod sine autoritate scripturae dicitur, eadem facilitate contemnitur, qua dicitur.

*August. de nupt. et concupis. lib. 2. cap. 23*[99*].

Ista controversia iudicem quaerit, iudicet ergo Christus, et cui rei mors eius profecerit, ipse dicat. Hic est, inquit, sanguis meus.

*Et mox*[100].

Iudicet cum ille et Apostolus, quia et in Apostolo ipse loquitur Christus, clamat et dicit de Deo patre: Qui proprio filio, etc. [Röm 8,32]

Quare Ecclesia sic habet autoritatem iudicandi de doctrinis, ut tamen contineat se intra metas sacrae scripturae, quae est vox sponsi sui, a qua voce nulli, ne angelo quidem, fas est recedere.

97 Origenes, In Jer. hom I. PG 13, Sp. 262.

98 Hieronymus, In Matth. 23, V. 35 f. CChr SL 77, 220, 304-306. – Hieronymus zählt verschiedene Vermutungen hinsichtlich des im Text genannten Zacharias, filius Barachiae, auf und fährt dann fort: Hoc quia de scripturis non habent auctoritatem, eadem facilitate contemnitur, qua probatur.

99 Augustinus, De nupt. et concup. lib. II, cap. 33. CSEL 42, 313, 22-25.

100 Ebd., 313, 26-314, 2.

*Ro. xii.*

Wir haben mancherlei gaben, nach der gnade, die uns gegeben ist. Hat jemandt weissagung, so sei sie dem glauben ehnlich.

*ii. Pet. i.*

Wir haben ein festes Prophetisch wort, und ir thůt wol, das ihr darauff achtet, als auff ein liecht, das da scheinet in einem tuncklen ort.

*Origenes.*

Es ist uns not, das wir die heilig schrifft zůr kuntschafft anziehen, dann man gibt, unserm eigen verstandt und außlegung, on dise kuntschafft, kein glauben.

*Hieronymus.*

Was man on grund der schrifft redet, das kan man eben als leicht verachten, als es geredt würdt.

*Augustinus.*

Diser hader will ein richter haben, wolan, so sei Christus der Richter, und sage er selbs wo zů sein tod nutz sei. Das ist (spricht er) mein blůt.

*Und bald hernach.*

Es seie auch neben im der Apostel richter, dann Christus redet, schreiet unnd sagt auch durch den Apostel, von seinem vatter, der seins eignen Sons nicht verschonet hat. etc.

Darumb so hat die kirch gwalt zů richten oder urteilen von der leer. Ja mit disem geding[52], das sie doch bleibe, innerhalb dem zil der heiligen schrift, wölche dann ist die stimm ires gsponß, von wölcher stimm keinem menschen, ja auch keinem Engel, zů weichen gebüret.

52 Bedingung

## [Art. 30]

## De Conciliis.

Fatemur sua debere esse in Ecclesia de dogmatis et sacris iudicia et magnam esse legitimorum Conciliorum autoritatem.

Sed longe omnium maxima sit autoritas verbi Dei, necesse est. Etsi enim Ecclesia habet certam promissionem perpetuae praesentiae Christi et gubernetur a Spiritu sancto, tamen non quivis hominum coetus, pro vera Ecclesia haberi potest; et ut maxime multi aliquoties in nomine Christi convenire videntur, tamen pauci sunt eclecti et non est omnium fides [1 Thess 3, 2]. Et quod in politicis, idem et in Ecclesiasticis coetibus fieri solet, ut plaerumque maior pars, vincat meliorem.

Huc accedit, quod Spiritus sanctus non faciat populum suum in hac vita ἀναμάρτηον[101], hoc est impeccabilem, sed relinquat in ipso multas et varias imbecillitates.

Testantur quoque exempla, non Pontifices tantum, sed etiam Concilia errasse.

Quare postquam Prophetica et Apostolica doctrina divinitus confirmata est, nullius vel hominis, vel hominum coetus sententia, simpliciter pro oraculo Spiritus sancti, sine iudicio, recipienda est, sed exigenda ad normam doctrinae Propheticae et Apostolicae, ut quod cum hac convenit, agnoscatur, quod cum hac pugnat, refutetur.

101 Vgl. Joh 8, 7.

[Art. 30]

## Von den Concilien.

Wir bekennen, das die Kirch ire gericht, von der leer unnd Gotsdienst haben soll, und das die rechten ordenlichen Concilien hoch geacht und gehalten werden sollen.

Aber die notturfft erheischet, das man auff Gottes wort, am aller höchsten halten soll.

Dann wiewol die kirch ein gwisse zůsagung hat, das Christus für und für bei ihr gegenwürtig sei, und das sie von dem heiligen geist regiert werde, Jedoch, so kan man nicht ein jetliche versamlung der menschen für die recht Kirchen halten. Unnd ob wol zůzeiten vil sich beduncken lassen, Sie kommen im namen Christi zůsamen, So sindt doch wenig außerwölt, und ist der glaub nicht jedermans ding. Darzů gleich wie es zůgeht in burgerlichen versamlungen, also geht es auch gmeinlich zů, in den Kirchen versamlungen, nämlich das der grösser theil den besten überstimmet.

Hiebei ist auch zů vermercken, das der heilig Geist, sein volck nicht also gar hie auff erden durchheiliget, das es in disem leben, nicht mehr sündigen künde, Sonder laßt an im vil und mancherlei mängel bleiben.

So bezeugen auch die Exempla, das nicht allei die Bäpst, sonder auch die Concilia geirret haben.

Darumb nach dem die Prophetisch und Apostolisch leer von Gott bestetiget ist, So soll man keins menschen, oder menschen versamlung, meinung, schlecht dahin, on ferner bedencken, für die gwiß meinung des heiligen Geists, annemen, Sonder man soll sie halten gegen der richtschnur der Prophetischen und Apostolischen leer, unnd was mit deren einschlecht[53], das soll angenommen, was aber deren zůwider, soll verworffen werden.

[53] einschlägt, übereinstimmt

*Ad Galatas 1* [, 8].

Si nos, aut angelus de coelo praedicaverit vobis Euangelion, praeter id quod praedicavimus vobis, anathema sit.

*1. Ioannis 4* [, 1].

Nolite cuivis spiritui credere, sed probate spiritus, num ex Deo sint.

*1. ad Thessalo. 5* [, 21].

Omnia probate, quod bonum est tenete.

*August. contra Maximium Ariano. Epis. li. 3. cap. 14*[102].

Sed nunc nec nego Nicaenum, nec tu debes Ariminense, tanquam praeiudicaturus, proferre concilium, nec ego huius autoritate, nec tu illius detineris; scripturarum autoritatibus, non quorumcumque propriis, sed utriusque communibus testibus, res cum re, causa cum çausa, ratio cum ratione, utrique, etc.

*Panormitanus in c. significasti ext. de electio*[103].

In concernentibus fidem, etiam dictum unius privati esset praeferendum dicto Papae, si ille moveretur melioribus autoritatibus novi et veteris Testamenti, quam Papa.

*Gerson parte 1. de examinatione doctrinarum*[104].

Prima veritas staret, quod aliquis simplex, non autorisatus, esset tam excellenter in sacris literis eruditus, quod plus esset credendum, in casu doctrinali, suae assertioni, quam Papae decla[ra]tioni. Constat enim plus esse credendum Euangelio,

102 Augustinus, Contra Maximinum Ar. episc. lib. II, cap. 14. PL 42, Sp. 772.

103 Aus dem Kommentar des Panormitanus (Nicolaus von Tudeschi) zu Decretales Gregor. IX. (1. 1, Tit. 6, c. 4?).

104 Johannes Gerson, De examinatione doctrinarum p. 1 consid. 5. Jean Gerson, Oeuvres complètes, vol. 9, Paris 1973, 463.

*Gala. i.*

Wann wir, oder ein Engel von himmel prediget euch ein anders Euangelion, dann das wir euch gepredigot haben, der sol verflůcht sein.

*i. Joannis. iiii.*

Glaubt nicht einem jetlichen geist, sonder prieffet die Geister, ob sie auß Gott sind.

*i. Thessa. v.*

Prieffent alles, behaltent aber was gůt.

*Augustinus.*

Nun aber zů disem mal, soll weder ich das Nicenisch, noch du das Ariminense Concilium, zů einem vorteil herfür ziehen, so bin weder ich dises Concilii, noch du jhenes Concilii autoritet underwirfflich. Wir sollen aber uns gebrauchen der Authoritet[54] der schrifft, nicht deren, so ein jetlicher für sich selbs allein annimpt, sonder deren, die uns beiden in gmein kuntschafft geben, und sollen die sach gegen der sach, den handel gegen dem handel, und ursach gegen der ursach halten. etc.

*Panormitanus.*

In denen sachen so den glauben belangen, solte eins einzeligen gmeinen mans rede mehr gelten, dann des Bapsts rede, nämlich so derselb einzelig man auß besserm grund des alten und newen Testaments, dann der Bapst bewegt were.

*Gerson.*

Dise warheit besteet, das ein schlechter[55] mensch, der weder Magister noch Doctor were, möcht in der heiligen schrifft so hoch gelert sein, das man, sovil die leer belangt, seiner rede mehr glauben solt, dann des Bapsts declaration. Dann es ist offenwar, das man dem Euangelio mehr, dann dem Babst glauben soll.

54 Vorlage: Anthoritet
55 schlichter

quam Papae. Si doceat igitur talis eruditus veritatem aliquam in Euangelion contineri, ubi Papa nesciret, vel ultro erraret, patet cuius praeferendum sit iudicium.

*Et mox*[105]:

Talis eruditus deberet in casu, si et dum celebraretur generale Concilium, cui et ipse praesens esset, illi se opponere, si sentiret maiorem partem ad oppositum Euangelii, malitia vel ignorantia declinare.

## [Art. 31]

## De Scriptoribus Ecclesiasticis.

Coram cano capite, inquit scriptura, assurge, et personam senis venerare [Lev 19,32]. Veneramur igitur canitiem maiorum nostrorum, qui iam inde ab initio revelati et propagati Euangelii, in orbe terrarum susceperunt studium iuvandae Ecclesiae, non solum vocali praedicatione, sed etiam publicis scriptis, ut posteritas habeat, ab Apostolicis temporibus usque ad haec tempora, manifesta et certa piae doctrinae testimonia.

Horum autem scripta sic amplectimur, quemadmodum et sacra scriptura permittit nobis humana autoritate uti et sua ipsi scripta agnosci voluerunt.

*Iob 12* [, 12 s.].

(Vos amici dicitis) quod in antiquis sit sapientia, et in multo tempore prudentia. (Ego autem dico vobis) apud ipsum, videlicet dominum Deum nostrum, est sapientia et fortitudo, ipse habet consilium et intelligentiam.

105 Ebd.

Wann nun diser hochgelert ein warheit, die im Euangelio begriffen ist, anzeiget, wölche der Babst nicht wisste, oder můtwilligklich irret, so ist leichtlich zů rechne, wölches meinung mehr gelten solt.

*Und bald hernach.*

Ein solcher Hochgelerter, im fall, so ein gmein Concilium gehalten wurde, und er gegenwürtig were, solte sich darwider setzen, wann er merckte, das der grösser teil sich auß boßheit oder unwissenheit, wider das Euangelion wenden wölt.

## [Art. 31]

## Von den Scribenten der Kirchen.

Die schrifft sagt, du solt vor einem grawen haubt auffstehn, und die alten ehren. Hierauff halten wir in ehrn das alter unserer vorfarn, so anfenglich, nach dem das Euangelion geoffenbaret, unnd in die gantz welt außgebreittet worden ist, ihren fleiß ankeeret[56] haben, der Kirchen zů dienen, nicht allein mit mündtlicher predig, sonder auch mit offenlichen schrifften, das die nachkommen, von der Apostel zeit an, biß auff dise gegenwürtige zeit, offenliche unnd gwisse kuntschafft der rechten waren leer haben.

Wir nemen aber ire schrifft diser gstalt an, wie die heilig schrifft uns menschlicher kuntschafft zů gebrauchen zůlaßt, und wie sie selbs wöllen, das ir schrifft angenommen werden soll.

*Job. xii.*

Ir meine fründt sagen wol bei den großvättern ist die weißheit, und der verstandt bei den alten. Ich sage aber euch, bei im (das ist) bei unserm HERRN Gott, ist weißheit und gwalt, rath und verstandt.

[56] gebraucht

*1. ad Corinth. 14* [, 29].
Prophetae duo aut tres loquantur, caeteri diiudicent.

*1. ad Thessalo. 5* [, 21].
Omnia probate, quod bonum est tenete.

*Tertullianus in libello de praescriptionibus haereticorum*[106].
Nobis nihil licet ex nostro arbitrio inducere, sed nec eligere, quod aliquis de arbitrio suo induxerit. Apostolos Domini habemus autores, qui nec ipsi quicquam de suo arbitrio, quod inducerent, elegerunt, sed acceptam a Christo fideliter disciplinam, nationibus assignarunt.

*August. in epist. ad Fortunat. dist. 8*[107].
Neque quorumlibet disputationes, quanquam Catholicorum et laudatorum hominum, velut scripturas Canonicas habere debemus, ut nobis non liceat, salva honorificentia, quae illis debetur hominibus, aliquid in scriptis eorum improbare atque respuere, si forte invenerimus, quod aliter senserint, quam veritas habet, divino adiutorio ab aliis intellecta, vel a nobis. Talis ego sum in scriptis aliorum, quales volo esse intellectores meorum.

*Et iterum in proh. lib. 3. de Trinit.*[108]
Noli meis literis quasi canonicis scripturis inservire, sed in illis et quod non credebas, cum inveneris, incunctanter crede. In istis autem, quod certum habebas, nisi certum intellexeris, noli firme tenere.

*Ac rursus ad Vincen. lib. 2*[109].
Negare non possum, nec debeo, sicut in ipsis MAIORIBUS, ita multa esse in tam multis opusculis meis, quae possunt iusto iudicio et nulla temeritate culpari.

106 Tertullianus, De praescriptione haereticorum 6. CChr SL 1, 191, 11-15.
107 Augustinus, Ep. ad Fortunatium 15 = Decretum D. 9 c. 10 (Friedberg I, S. 18); CSEL 44, 344, 21 – 345, 4.
108 Augustinus, in proemio lib. 3. de Trin. = Decretum D. 9 c. 3 (Friedberg I, Sp. 17). CChr SL 50, 128, 38-40.
109 Augustinus, Ad Vincent. lib. 2. Gemeint ist De anima et eius origine (ad

*i. Cor. xiiii.*

Lasset die weissager, zwen oder drei reden, und die andern lasset richten.

*i. Thessa. v.*

Prieffent alles, und was gůt ist behaltent.

*Tertullianus.*

Es gebüret sich nicht, etwas unsers gefallens anzůrichten, ja auch nicht anzůnemen, was sonst einer seins gfallens angericht hat. Wir haben die Apostel des HERRN zů vorgenger, wölche selbs nichts eigens gfallens anzůrichten fürgenommen, sonder haben die leer, so sie von Christo entpfangen, den völckern treulich fürgetragen.

*Augustinus.*

Wir sollen keins menschen, ob er schon Catholisch und berümpt ist, disputationes in gleichem werd mit der heiligen schrifft halten, als solte uns nicht zůgelassen sein (doch solchen leuten an irer gepürenden ehr nicht benummen) so wir etwas in iren schrifften finden, das sie es anderst dann die warheit ist, gehalten haben, und eintweder von den andern, oder von uns, durch Gottes hilff verstanden würdt, das selb zů verwerffen und farenzůlassen. Ich bin ein solcher leser, in den andern schrifften, Wie ich will das andere meine schrifft verstehn sollen.

*Und abermals.*

Du solt meiner schrifft nicht als der heiligen schrifft anhangen. Sonder wo du in der heiligen schrifft etwas findest, das du zůvor nicht geglaubet hast, das solst du gleich on verzůg glauben. Aber in meiner schrifft, so du etwas für gwiß haltest, und es doch nicht gwiß verstehest, so soltu nicht fest darauf fůssen.

*Und noch ein mal.*

Ich soll und kan nicht leugnen, das gleich wie in unsern vorfarn, also auch in meinen mancherlei büchlin, vil dings begriffen sindt, die mit billichem urteil, und auß keinem frevel gestrafft werden mögen.

*Et iterum in epistola ad Hierony.*[110].

Ego solis eis scriptoribus, qui iam Canonici appellantur, didici hunc timorem. Ac mox[111]: Alios autem ita lego, ut quantalibet sanctitate, quantave doctrina polleant, non ideo verum putem, quia ipsi ita senserunt, sed quia mihi per alios autores, vel per Canonicas, vel probabiles rationes, quae a vero non abhorreant, persuadere potuerunt.

*Et alias de unico Baptis. in epistola ad Vincentium.*

Quis nesciat sanctam scripturam, etc.[112] Et: Noli frater contra divina tam multa, etc.[113] Nam hi loci, vel ex ipsis Pontificum decretis, noti sunt.

## [Art. 32]

## De Caeremoniis Ecclesiasticis.

Agnoscimus a Christo filio dei duas caeremonias in Ecclesia institutas esse, Baptismum et coenam Dominicam, quae et iuxta institutionem Christi, necessario sunt observandae.

Fatemur etiam Apostolos instituisse quasdam ordinationes in Ecclesia, ut omnia decenter et secundum ordinem, sicut Paulus loquitur, fierent [1 Kor 14,40]; quales sunt, quae desc-

Vincentium Victorem) lib. 4, cap. 1. CSEL 60, 380, 10 - 12 = Decretum D. 9 c. 4 (Friedberg I, Sp. 17). Wortlaut nach CSEL: Neque enim negare debeo, sicut in ipsis moribus (Conf.: Maioribus), ita ... meis, quae possint (Conf.: possunt) recto (Conf.: iusto) iudicio ... culpari. Diesen Abweichungen nach ist aus dem Decretum zitiert.

110 Augustinus, Ep. ad. Hieronymum (Nr. 82 cap. 3). CSEL 34/2, 354, 4 - 7 = Decretum D. 9, c. 5 (Friedberg I, Sp. 17).

111 Ebd., Z. 11 - 15.

112 Augustinus, de bapt. contra Donat. lib. 2, cap. 3 (4). CSEL 51, 178, 11 s. = Decretum D 9, c. 8 (Friedberg I, Sp. 17). Das einschlägige Zitat wird nur angeführt, aber gar nicht voll zitiert.

113 De unico baptismate in ep. ad Vincentium cap. 10, 35 (Nr. 93); CSEL 34/2, 480, 9 s. = Decretum D. 9 c. 9 (Friedberg I, Sp. 18). Das Zitat wird gleichfalls nur angeführt, aber gar nicht voll zitiert.

*Und widerumb.*

Ich thůn allein disen scribenten, die man Canonicos (das ist) die heilig schrift nennent, solche eer an etc. Und gleich darauff: Aber die andern scribenten, sie sindt gleich wie heilig oder gelert sie wöllen, liß[57] ich also, das ich nichts darumb für warhafftig achte, darumb das sie es also gehalten haben, Sonder das sie mich durch andere scribenten, die Canonici sind, oder durch glaubwirdige ursach, so der warheit nicht unehnlich sind, bereden künden.

*Und an einem andern ort.*

Wer weißt nicht, das die heilig schrifft etc. und lieber brůder, du solt nicht wider so vil heilige etc. Dann dise sprich sind, auch auß des Babsts decreten, wol bekannt.

[Art. 32]

## Von den Kirchen Ceremonien.

Wir erkennen das Christus der Son Gottes zwů Ceremonien in der kirchen gestifft habe, den Tauff und das Nachtmal, die auch nach der stifftung Christi, nöttig zů halten sind.

So bekennen wir auch, das die Apostel etlich ordnung in der kirchen gestifft haben, darmit es alles fein und ordenlich, wie Paulus redet, zůgienge. Wie derselben etlich i. Cor. xiiii. et i. Tim ii. beschriben sindt.

[57] lese

ribuntur prima ad Corinthios decimo quarto et prima ad Timotheum secundo [1 Tim 2[114]].

Usurparunt quoque Apostoli in designandis ministris Ecclesiae impositionem manuum [vgl. 1 Tim 4,14; 2 Tim 1,6], quae retenta ex consuetudine veteris legis, non autem mandata Ecclesiae, libere servari potest.

Instituerunt in Actis Apostolicis, ut gentes caverent ab esu suffocatorum et sanguinis [Act 15,20] ; non ut haec observatio esset inter gentes perpetua, sed temporalis et tantisper duratura, dum hic esus non esset amplius offendiculum.

Fatemur et hoc, quod Episcopis liceat, cum Ecclesiae consensu, ordinationes dierum, festorum et lectionum seu concionum, ad aedificationem et eruditionem verae fidei in Christum, instituere.

Sed non licet obtrudere Ecclesiae ritus veteris legis pro sacro divino, quo Deus singulariter per se colatur.

Nec licet vel veteris ritus legis restaurare, vel novos comminisci ad adumbrandam veritatem Euangelio iam patefactam et illustratam; quales sunt interdiu accendere caereos, ad significandam lucem Euangelii, aut uti vexillis et crucibus, ad significandam victoriam Christi per crucem. Quod genus est universa panoplia vestium missalium, quam aiunt, adumbrare totam passionem Christi et multa id genus alia.

Multo minus licet instituere caeremonias aut sacra, quorum meritis expientur peccata et accipiatur regnum coeleste.

Nam de priori illo genere caeremoniarum et sacrorum, Christus ex Esaia concionatur: Frustra, inquiens, colunt me, docentes doctrinas, praecepta hominum [Mt 15,9; Jes 29,13]. Et Paulus: Ne quis vos iudicet in cibo aut potu, aut parte diei festi, aut novilunii etc. [Kol 2,16].

[114] Ebenso Kap. 3.

Es haben auch die Apostel, wann sie Kirchendiener verordnet, die aufflegung der händ gebraucht. Wölche nach dem sie auß gwonheit des alten gsatz behalten, unnd doch der Kirchen nicht gebotten ist, mag sie frei gehalten werden.

Zů dem haben die Apostel auch verordnet, wie es in der Apostelgeschicht geschriben ist, das die Heiden nichts erstickt, noch kein blůt essen, nicht der meinung, das sie es für und für also halten müsten, Sonder das es allein etlich zeit und so lang weeren solt, biß das essen kein ergernuß mehr brechte.

Wir bekennen auch, das die Bischoff mügen, mit verwilligung irer kirchen, ordnung der feirtag, unnd der Lectionen oder predigen, den rechten waren glauben in Christum zů leeren und zů erbawen, anrichten.

Es gebüret aber ihnen nicht, die gebreuch des alten gsatz, für ein solchen Gotsdienst, dardurch Gott sonderlich, so vil das werck an im selbs belangt, verehrt werde, der kirchen auffzůlegen.

So gebüret auch inen nicht, die alten gebreuch des gsatz widerumb anzůrichten, oder newe zů erdichten, das man darmit, als mit figuren, die warheit, so durch das Euangelion albereit geoffenbaret und erkläret, bedeuten unnd abmalen wölt. Als da sindt bei tag kertzen anzinden, zů bedeuten das liecht des Euangelions, oder fanen und creutz umbher tragen, zů bedeuten den sig Christi durch das creutz, wölcherlei auch ist die gantz rüstung der Meßkleider, die sollen den gantzen Passion Christi bedeuten, und des gleichen sonst vil.

Vil weniger gebüret es inen Ceremonien oder Gotsdienst anzůrichten, auß wölcher verdienst die sündt gebüßt, und das Himmelreich erlangt werde.

Dann von dem ersten teil dieser Ceremonien und Gotsdienst, hat Christus auß Esaia geprediget, und sagt: Sie dienen mir vergebens, dweil sie leeren solche leer, die ein menschen gebott sindt. Und Paulus: Lasset euch niemandts gwissen machen über speiß, oder über tranck, oder über bestimpte feirtagen, oder newmonden, oder Sabbathen etc.

Hierzů gehören auch die zeugnuß Augustini unnd der andern, die da solche Ceremonien frei lassen.

His accedunt testimonia Augustini [am Rand: *Augusti. in epistola ad Ianuarium 118*[115]] et aliorum, de libera talium caeremoniarum observatione.

De posteriori autem genere caeremoniarum manifestum est, quod sint impia sacra et contumeliosa in mortem et resurrectionem Christi, cuius solius merito habemus expiationem peccatorum et haereditatem aeternea vitae per fidem.

115 Augustinus, Ep. ad Januarium. CSEL 34/2, 158 ss. (Nr. 54 f.).

Von dem andern teil dieser Ceremonien, Ists offenwar, das sie unrecht Gotsdienst sind, Unnd ein schmach des todts und der urstendt[58] Christi, auß wölches einigen verdienst, wir die bůß der sünden, unnd das erb des ewigen lebens, durch den glauben, haben.

58 Auferstehung

Recensuimus, quae videntur in doctrina Ecclesiastica et in universa Ecclesiae administratione tum probanda, tum refutanda, aut emendanda. Ac si quid brevius aut obscurius, quam res tanta postulet, dictum est, recipiunt se concionatores nostri, copiosius et magis perspicue explicaturos.

Quod reliquum est oramus per Iesum Christum filium Dei, unicum servatorem nostrum, omnes pios, ut quod ipsos sua sponte facere speramus, pro suo quisque officio et vocatione, verum ac serium instaurandae Ecclesiae studium suscipiat.

Negari non potest, quin hactenus multis annis non solum disciplina Ecclesiae collapsa sit, et mores eius, magnis ac horribilibus vitiis corrupti sint, ac maiorum nostrorum honestate plurimum degeneraverint, verum etiam doctrina Ecclesiae intolerandis corruptelis depravata fuerit. Quae si deinceps aut dissimulantur aut confirmantur, cogitare quisque, vel mediocri prudentia praeditus, potest, quanta mala sint in Ecclesia DOMINI secutura.

Notae sunt dirae et maledictiones, quibus divina lex violatores verbi Dei devovet. Et Iosias Rex Iudae, in instauranda Ecclesia plane heroico animo praeditus, etsi invento et perspecto libro legis, pia sua potentia et obedientia, iram dei ita mitigabat, ut supplicia quae tunc Ecclesiae Dei, neglectione verbi eius et impietate, merita erat, in aliud tempus reiicerentur, ea tamen fuit severitas Dei, adversus contemptores verbi

## Bschluß.

Also haben wir erzeelet was uns beduncket in der leer, und im gantzen ampt und Regiment der kirchen zů billichen, auch zů verwerffen, oder zů bessern sei.

Unnd so etwas weniger oder dunckeler gsagt were, dann sollicher wichtiger handel erfordert, So erbieten sich unsere Prediger, dasselb weitleuffiger und deutlicher zů erklären.

Hierauff bitten wir durch Jhesum Christum, den Son gottes unsern einigen heilandt, alle gotsfürchtige, das ein jetlicher sich fleissige, nach seinem ampt unnd berůff (wie wir dann hoffen, es ei ein jetlicher dessen für sich selbs zů thůn geneigt) mit rechtem warem ernst der Kirchen zů helffen, und sie widerumb auffzůrichten.

Man kan je nicht leugnen, das vil jar her, nicht allein die eusserlich zůcht der Kirchen verfallen, und ir leben mit grossen grewlichen lastern verderbt, ja gar auß der art des erbarn lebens unserer vorfarn geschlagen sei, sonder auch das die leer der Kirchen unleidlich verkeert und verfelscht sei. So man nun hiezů fürohin eintweder durch die finger sehen, oder auch dasselb allererst bestetigen wurde, kan ein jetlicher, ja auch gerings verstands, wol gedencken, was für ein grosser jamer in der Kirchen des HERRN darauff folgen wurd.

Man weißt wol, wie grausam das Göttlich gsatz, die übertretter Gottes wort verflůcht. Unnd Josias der Künig Jüde[59], der ein Held ware die Kirchen zů reformieren, Wiewol er nach dem das gsatzbůch gefunden, und besichtiget ward, den zorn Gottes, mit seiner rechten göttlichen bůß, und gehorsam also miltert, das die straff, so dazůmal Gottes Kirch, von wegen der versaumnuß des Göttlichen worts, unnd ihres gottlosen wesens halben, verdient hett, auff ein andere zeit auffgeschoben würde. Jedoch ist Gottes zorn wider die verachter seines worts, unnd

[59] Judas

sui et impoenitentes, ut Rex, quantumvis pius, non potuerit eam prorsus e medio tollere et placare [2 Reg 23,26].

Existimamus autem iram Dei his temporibus, propter tot horrendas impietates, propter tot infanda scelera et offendicula, quae in populo ipso, qui Dei nomine gloriatur, manifestiora sunt, quam ut negari, et illustriora sunt, quam ut excusari queant, non minus, imo multo gravius adversus coetum Ecclesiae suae accensam et inflammatam esse, quam olim, cum filius Dei nondum esset per Euangelion suum orbi patefactus. Ac tanto severius erit in iudicium Dei, quanto maiora sunt beneficia, quae et superioribus et his praesentibus temporibus in ingratos contulisse videtur.

Sed cum alia multa in Ecclesia et ministerio eius, correctione indigent, tum praecipue doctrina de poenitentia, iustificatione; usus item sacramentorum et coelibatus ministrorum Ecclesiae, piam exigunt emendationem. Haec si iuxta Prophetica et Apostolica scripta, ac iuxta vere Catholicum veteris et purioris Ecclesiae consensum, beneficio Dei, ac diligentia et cura optimorum quorumque virorum, restituta fuerint, non solum praestabitur cultus Deo patri DOMINI nostri Iesu Christi gratissimus, verum etiam universus Christianus orbis excitabitur, ut, quibus possit officiis, gratitudinem et obedientiam suam sit declaraturus.

Nos quidem, non sumus de nostris concionatoribus alicuius erroris, vel in doctrina, vel in reliqua Ecclesiae administratione, conscii; attamen non dubitamus, eos tanta modestia et pietate praeditos, quin si testimoniis coelestis doctrinae et vero con-

unbůßfertigen, also streng gwesen, das der Künig, wie Gotsförchtig er auch war, den selben nicht gantz stillen und versönen mocht.

Wir achten aber, das Gottes zorn zů diser zeit, von wegen so vil greulicher abgötterei, unnd so vil schentlicher laster, und ergernuß, wölche under dem volck selbs, das sich Gottes namen rümet, offenwarlicher sind, dann das mann sie leugnen, oder verheelen, und heller am tag ligen, dann das mann sie beschönen oder verthedingen mög, Nicht weniger, ja vil hefftiger wider die versamlung seiner Kirchen entzündet, unnd einbrünstig sei, dann vor zeitten, ehe dann der Son Gottis der Welt noch nicht durch sein Euangelion geoffenbaret war.

Und würdt die straff Gottes, so vil dester ernstlicher sein, je grösser die gůtthat sind, die Gott zůvor, und jetz zů diser zeit, unsers bedunckens, den undanckbarn bewisen hat.

Aber nach dem sonst vil stuck in der kirchen und irem Regiment besserung bedörffen, So erfordert doch in Sonderheit, die leer von der bůß und rechtfertigung, auch von dem gebrauch der Sacrament, und von dem Eelosen leben der Kirchendiener, ein rechte Christliche Reformation.

So nun frumm ehrlich und Gotsfürchtig leut ihren fleiß unnd sorg dahin richten, das die bemelte stuck durch Gottes gnad, nach vermög der heiligen Prophetischen unnd Apostolischen schrifft, auch rechter Catholischer einhelliger meinung der alten und reinen kirchen, widerumb zů recht gebracht wurden, So geschehe hiemit, nicht allein Gott dem vatter unsers HERRN Jesu Christi ein gantz wolgfelliger angenemer dienst, Sonder es wurde auch die gantz Christenheit bewegt, das sie ire danckbarkeit und gehorsam, mit allen iren müglichen diensten, erzeigen wurd.

Es ist uns zwar von unsern Predigern nicht bewust, das sie eintweder in der lehr, oder sonst in irem kirchendienst, irren. Jedoch zweifeln wir nicht, sie sindt solcher erbarer Christlicher zůcht unnd bescheidenheit, wo sie mit kuntschafft der Himmelischen Göttlichen leer, und rechter einhelliger meinung der Catholischen kirchen, erinnert, So werden sie an

sensu Catholicae Ecclesiae admoniti fuerint, aedificationi Ecclesiae haudquaquam sint defuturi.

Quod autem in nobis et in nostra est gubernatione, summam dabimus operam, ut, adiuvante divina clementia, nihil eorum officiorum a nobis praetermittatur, quibus speramus veram Ecclesiae tranquillitatem et salutem, in Iesu Christo filio Dei, conservari posse.

ihnen nichts erwinden[60] lassen, das die kirch recht erbawet werde.

So vil aber uns und unser Regierung belangt, wöllen wir den höchsten fleiß ankeren, das wir, vermittelst Göttlicher gnad, kein mühe, arbeit, und costen sparen, dardurch wir verhoffen, das die recht ruͤwe, der war frid und einigkeit, und das heil der Kirchen in Jhesu Christo, dem Son gottes, erhalten werden mög.

[Es folgt: Zeiger der hauptartickel oder Capittel vorgeender Confession ..., *ein Inhaltsverzeichnis, jeweils mit Angabe des Bogens, des Blatts und dessen Vorder- oder Rückseite.]*

60 fehlen

# Contenta


| | | |
|---|---|---|
| Praefatio | | 36 |
| Art. 1 | De Deo et tribus in una divinitate personis | 40 |
| Art. 2 | De filio Dei | 40 |
| Art. 3 | De Spiritu sancto | 42 |
| Art. 4 | De peccato | 42 |
| Art. 5 | De iustificatione | 46 |
| Art. 6 | De lege | 50 |
| Art. 7 | De bonis Operibus | 56 |
| Art. 8 | De Euangelio Christi | 60 |
| Art. 9 | De sacramentis | 64 |
| Art. 10 | De baptismo | 64 |
| Art. 11 | De confirmatione | 72 |
| Art. 12 | De poenitentia | 76 |
| Art. 13 | De oratione | 88 |
| Art. 14 | De ieiunio | 92 |
| Art. 15 | De eleemosyna | 92 |
| Art. 16 | De eucharistia | 94 |
| Art. 17 | De ordine | 112 |
| Art. 18 | De coniugio | 116 |
| Art. 19 | De extrema unctione | 122 |
| Art. 20 | De invocatione sanctorum | 124 |
| Art. 21 | De memoria defunctorum | 130 |

# Inhalt


Vorwort ........................................ 5
Einleitung ........................................ 7
Die Umstände der Entstehung und der Überreichung des Bekenntnisses .............. 8
Die Entwicklung zur Artikulation des Bekenntnisses .............. 14
Die Confessio Virtembergica 1 .............. 16
Zur Wirkungsgeschichte .............. 24
Zur Textgestaltung .............. 28
Zur Bibliographie .............. 31

Vorrede ........................................ 37
Art. 1 Von Gott unnd dreien personen in einem Göttlichen wesen .............. 41
Art. 2 Von dem Son Gottes .............. 41
Art. 3 Von dem Heiligen Geist .............. 43
Art. 4 Von der Sünde .............. 43
Art. 5 Von der Rechtvertigung .............. 47
Art. 6 Von dem Gsatz .............. 51
Art. 7 Von den gůtten wercken .............. 57
Art. 8 Von dem Euangelio Christi .............. 61
Art. 9 Von den Sacramenten .............. 65
Art. 10 Von dem Tauff .............. 65
Art. 11 Von der Firmung .............. 73
Art. 12 Von der Bůß .............. 77
Art. 13 Von dem Gebett .............. 89
Art. 14 Vom Fasten .............. 93
Art. 15 Vom almůsen .............. 93
Art. 16 Vom Nachtmal Christi .............. 95
Art. 17 Von der priester Weihe .............. 113
Art. 18 Von dem Eelichen Standt .............. 117
Art. 19 Von der ölung.............. 123
Art. 20 Von anrůffung der heiligen .............. 125
Art. 21 Von der gedächtnuß der abgestorbnen.............. 131

| | | |
|---|---|---|
| Art. 22 | De purgatorio | 136 |
| Art. 23 | De votis monasticis | 142 |
| Art. 24 | De horis canonicis | 148 |
| Art. 25 | De ieiunio | 152 |
| Art. 26 | De consecratione Aquae, Salis, Vini, Herbarum et aliarum rerum | 158 |
| Art. 27 | De sacra scriptura | 162 |
| Art. 28 | De summo pontifice | 166 |
| Art. 29 | De ecclesia | 172 |
| Art. 30 | De conciliis | 180 |
| Art. 31 | De scriptoribus Ecclesiasticis | 184 |
| Art. 32 | De caeremoniis Ecclesiasticis | 188 |

Art. 22 Von dem Fegfewr .................... 137
Art. 23 Von Closter Glübden .................... 143
Art. 24 Von den siben zeiten .................... 149
Art. 25 Von dem fasten .................... 153
Art. 26 Von Wasser, Saltz, Wein, Kreuter, und anderer ding weihen .................... 159
Art. 27 Von der heiligen Schrifft .................... 163
Art. 28 Von dem Bapst .................... 167
Art. 29 Von der Kirchen .................... 173
Art. 30 Von den Concilien .................... 181
Art. 31 Von den Scribenten der Kirche .................... 185
Art. 32 Von den Kirchen Ceremonien .................... 189
Beschluß .................... 195

hänssler

## Reihe »Confessio Virtembergica«:

Zum 500. Geburtstag des württembergischen Reformators Johannes Brenz wurde die Reihe »Confessio Virtembergica« herausgegeben, in der sich Theologen und Historiker mit der Reformationszeit befassen.

Weiterer Titel:

Siegfried Hermle (Hrsg.)

**Reformationsgeschichte Württembergs in Portraits**

Pb., 300 S.
Nr. 393.416, ISBN 3-7751-3416-6

Umbruchszeit 16. Jahrhundert: Im zweiten Buch der Reihe »Confessio Virtembergica« wird die Reformation, wie Sie in württembergischen Städten ablief, aufbereitet. In insgesamt 15 faszinierenden Lebensbildern stellt das Buch Menschen vor, die die Reformation in Württemberg vorantrieben. Darunter befindet sich unter anderem Johannes Brenz, der Anfang des 16. Jahrhunderts eine wichtige Rolle bei der Reformation in Schwäbisch Gmünd spielte.